国家级职业教育规划教材
全国高等职业院校电子商务专业教材

选品与采购

张珈瑞◎主编

中国劳动社会保障出版社

内容简介

在电子商务飞速发展、市场竞争日趋激烈的背景下，电商选品与采购工作在电商企业经营活动中发挥着越来越重要的作用。本教材围绕电商选品与采购岗位的工作要求，从商品基础知识、市场调研、电商选品分析、电商产品采购与供应链管理，以及产品定位与选品、采购等多个方面进行了阐述，突出选品与采购工作方法和实操能力的培养。同时，在教材的每个学习单元还安排了实例演练、拓展训练等环节，讲练结合，帮助学生加深对专业知识与技能的理解与掌握。

本教材由张珈瑞主编，吴喆为副主编，熊翠威、黄平捷、郭佳参与编写，任海东审稿。

图书在版编目（CIP）数据

选品与采购 / 张珈瑞主编. -- 北京：中国劳动社会保障出版社，2024
全国高等职业院校电子商务专业教材
ISBN 978-7-5167-6390-2

Ⅰ. ①选…　Ⅱ. ①张…　Ⅲ. ①选购 – 高等职业教育 – 教材　Ⅳ. ①F713.2

中国国家版本馆 CIP 数据核字（2024）第 090332 号

中国劳动社会保障出版社出版发行
（北京市惠新东街 1 号　邮政编码：100029）

*

北京市科星印刷有限责任公司印刷装订　　新华书店经销

787 毫米 × 1092 毫米　16 开本　8 印张　165 千字
2024 年 6 月第 1 版　　2024 年 6 月第 1 次印刷
定价：19.00 元

营销中心电话：400-606-6496
出版社网址：http://www.class.com.cn
http://jg.class.com.cn

前 言

近年来，我国电子商务取得显著成就，电子商务已经全面融入我国生产生活各领域，成为提升人民生活品质和推动经济社会发展的重要力量。电子商务的新业态、新模式发展也创造了大量新职业、新岗位，对电子商务从业人员的职业素质提出了新要求。为了培养更加符合电商技术领域和职业岗位（群）工作要求的高素质应用型人才，我们组织有关行业企业专家、职业院校电商专业学科带头人、骨干教师，依据电子商务师国家职业技能标准和企业实际需求，研发了这套全国高等职业院校电子商务专业教材。

新编写的教材具有以下主要特点:

1. 着眼电商企业新技术、新业态发展，构建满足企业用人需求的专业教材体系

本套教材立足电商企业技术服务与运营推广的岗位架构，围绕电商直播、短视频制作与推广、跨境电子商务等新技术与新业态，构建了由专业基础课程教材、专业核心课程教材和专业拓展课程教材组成的教材体系，主要包括《电子商务基础》《电子商务法律法规》等专业基础课程教材，《商品图片拍摄与处理》《网店视觉设计》《网站设计与开发》等技术与服务类专业核心课程教材，《网店运营实务》《跨境电子商务实务》《电商直播》等运营与推广类专业核心课程教材，以及《电子商务会计》《电子商务物流》等专业拓展课程教材，以岗位工作为导向，以综合职业能力为核心，培养符合企业需求的电商应用型人才。

2. 积极创新教材编写模式，注重实践能力培养

在教材研发过程中，坚持产教融合、工学一体的职业教育理念，对于技术技能型课程，积极探索按照职业领域典型工作任务，以工作过程为主线，以综合职业能力为目标，体现项目导向、任务驱动、工学结合的教学设计。对于专业理论课程，则尽可能多地引入企业真实案例、素材等，以提高学生的工作实践能力。

3. 开发多种教学资源，提供优质教学服务

在教学服务方面，围绕主教材，配套开发电子课件和相应的习题册，并对重点核心课程开发操作演示视频、微课、素材库等数字资源，方便教师教学和学生自主学习。电

子课件及习题册答案可登录技工教育网（jg.class.com.cn）查询下载，数字化配套产品扫描书中二维码即可在线观看。

4. 丰富教材表现形式，提高教材可读性

教材的表现形式符合职业院校学生的认知规律。通过清晰的栏目设置，增强教材的表现力，并尽可能多地以图表代替大段冗长的文字叙述，使教学内容直观明了，降低学习难度。同时，对部分教材采用四色印刷，以增强教材内容的表现效果，提高教材的时代性和可读性。

本套教材的编写工作得到了有关学校的大力支持，教材的编审人员做了大量的工作，在此我们表示衷心的感谢！同时，恳切希望广大读者对教材提出宝贵的意见和建议。

人力资源社会保障部教材办公室

目　录

项目一 商品基础知识

导语

在马克思主义政治经济学中，商品的定义是“用于交换的劳动产品”。随着经济的发展，许多自然资源以及非劳动产品也进入交换领域，因此，现代经济学家在此定义基础上，对商品定义进行了扩展与外延，形成了广义的商品定义，即“商品是用于交换的使用价值”。进入互联网时代，借助网络进行交易的商品越来越多。从事电子商务商品交易工作的选品员，深刻理解商品的定义、构成、分类等知识将对今后开展选品工作具有积极的意义。

学习目标

知识目标

（1）掌握商品的基本概念，熟悉常见商品分类知识

（2）熟悉商品质量的构成

技能目标

（1）能编制电商平台店铺商品分类信息表及产品信息卡

（2）能对平台所售商品的质量做出分析

素养目标

（1）培养学生主动学习和团队合作意识

（2）培养学生对商品的整体认知能力和商品质量意识

学习单元 1　认识商品

一、商品的基本概念

1. 商品的定义

商品是人类社会生产力发展到一定历史阶段的产物，是用于交换的劳动产品。无论是传统市场还是互联网市场进行的商品交易，都是为劳动产品进行价值交换的平台。

2. 商品的基本属性

商品的基本属性包括使用价值和价值。

（1）商品的使用价值

商品具有的能够满足人们某种需要的属性，叫作商品的使用价值。商品必须有使用价值，这是商品交换的起因。不同商品具有不同的使用价值，有形商品的使用价值由商品本身的物理、化学等性质决定。如水的属性决定了它可以解渴、洗衣；烟花的属性决定了它可以燃烧产生各种绚丽的景象并伴有巨响。无形商品的使用价值则是由服务过程产生的体验决定的。例如，用户在使用付费软件的过程中，通过与免费版对比，体验付费版软件功能的便捷。

（2）商品的价值

人们把凝结在商品中的无差别的人类劳动称为商品的价值。内容相同的一幅画，纯手工绘制的画作和印刷制品的价值就相差很大，因为纯手工绘制耗费的社会必要劳动时间要多于印刷制品。例如，用 5 斤猪肉换 20 斤面粉，之所以能够成功交换，是因为交换双方认为这两种商品所凝结的社会必要劳动时间相当、价值相等，可以构成等价交换。

（3）二者的联系与区别

在现实生活中，人们总希望买到“物美价廉”的商品，这其实就是从商品的两个基本属性角度来考察商品。其中，“物美”是使用价值的标准；“价廉”则是人们从价值角度提出的要求。商品的使用价值和价值的联系与区别见表 1–1。

表 1–1　　商品的使用价值和价值的联系与区别

项目		使用价值	价值
含义		能够满足人们某种需要的属性	凝结在商品中的社会必要劳动时间
联系		商品是使用价值与价值的统一体，使用价值是价值的物质承担者，价值离不开使用价值	
区别	形态不同	具体	抽象
	性质不同	反映商品的自然属性	反映商品的社会属性，是商品的特有属性
	主体不同	卖家拥有	买家支付

3. 商品整体概念

商品整体是指商品满足消费者所有基本需要的因素组合。人们常用核心商品层、有形商品层和附加商品层三个层次来表述商品整体概念。近年来，运用更多的是菲利普·科特勒的商品整体五层次理论，即核心产品、形式产品、期望产品、延伸产品和潜在产品，如图 1–1 所示。

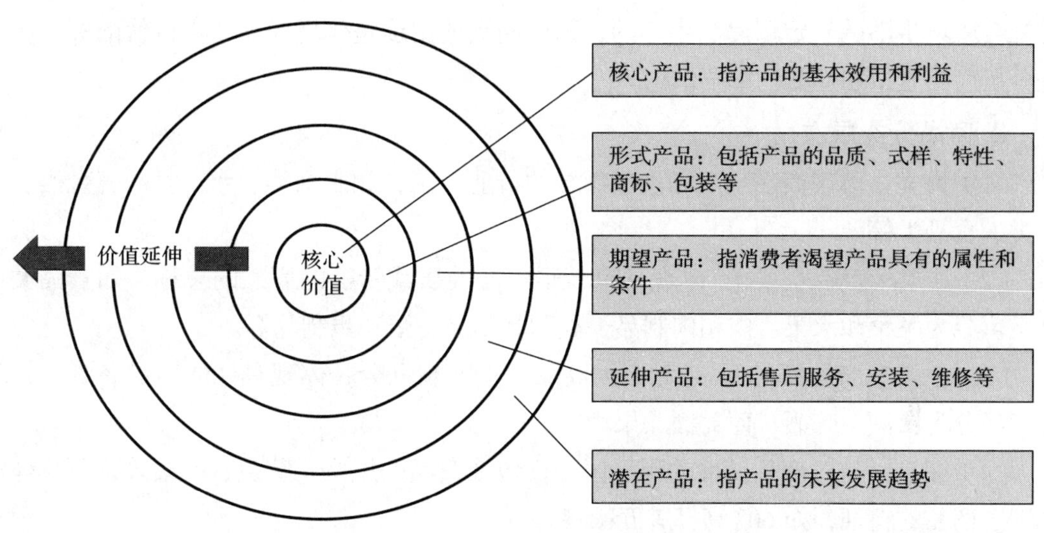

图 1–1　商品整体概念

（1）核心产品是指向消费者提供的产品的基本效用和利益。从本质上讲，每个产品都是为解决相应问题而提供的服务。例如，消费者购买香水的目的不是为得到某种实体，而是希望通过使用香水提升自身的形象和气质。

（2）形式产品是指核心产品借以实现的形式或目标市场对需求的特定满足形式。形式产品一般由品质、式样、特性、商标及包装等特征构成。核心产品必须通过形式产品才能实现。

（3）期望产品是指消费者在购买产品时期望得到的与产品密切相关的一系列属性和条件。例如，入住酒店的客人期望得到清洁的床位、洗浴设施及用品、电视娱乐等服务。

（4）延伸产品是指消费者在购买形式产品和期望产品时，附带获得的各种利益的总和，包括产品说明书，产品质量保证，安装、维修、送货服务以及技术培训等。

（5）潜在产品包括产品在未来可能进行的所有改进和变革。它是在核心产品、形式产品、期望产品、附加产品之外，能满足消费者潜在需求的、尚未被消费者意识到或者已经被意识到但尚未被消费者重视或消费者不敢奢望的产品属性。

综上所述，商品整体五层次理论，体现了以消费者为中心的现代市场营销理念。

二、常见商品分类

1. 商品分类依据

商品分类是指为了一定目的，选择适当的分类标志，将商品科学地、系统地逐级划分为大类、中类、小类及细目等的过程。商品的用途、原材料、生产方法、化学成分、使用状态等是商品本质的属性和特征，是商品分类中常用的依据。一切商品都是为了满足社会生产生活的一定用途而生产的，因此商品的用途是体现商品使用价值的标志，也是分析商品质量和性能的重要依据。

2. 商品分类层次

（1）大类：体现商品生产和流通领域的行业分工，如服饰类、水产类、五金类、化工类、食品类等。

（2）中类（商品品类）：体现具有若干共同性质或特征的商品的总称，如食品类商品又可分为蔬菜和水果、肉和肉制品、乳和乳制品、蛋和蛋制品等。

（3）小类（商品品种）：是对中类商品的进一步划分，体现具体的商品名称，如酒类商品分为白酒、啤酒、葡萄酒、果酒等。

（4）细目：是对商品品种的详尽区分，包括商品的规格、花色、等级等，更具体地体现了商品的特征，如 60° 高杯牌五粮液。

3. 互联网产品分类

互联网产品是指用于满足互联网用户需求，在互联网领域中经营的商品。例如，“新浪新闻”是新浪网的产品，“QQ”是腾讯提供的聊天工具产品，“126 网易免费邮箱”是网易的产品。

互联网的产品可以分为信息获取类、交流互动类、网络娱乐类、交易服务类、日常工具类五大类，如图 1–2 所示。

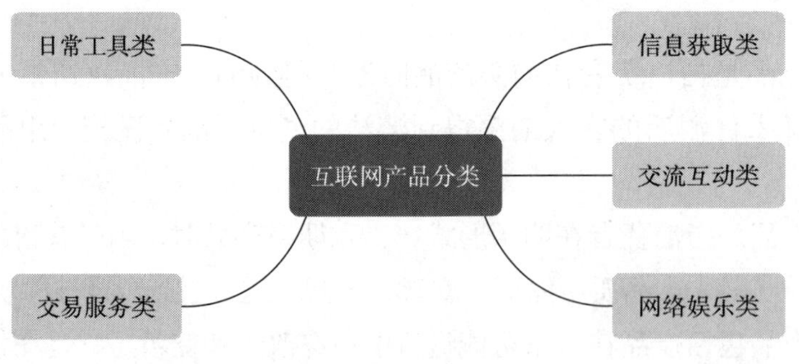

图 1–2　互联网产品分类

（1）信息获取类。即满足人们对信息获取的需求，包含搜索信息类（如百度、搜狗等搜索引擎产品）、综合新闻类（如新浪新闻、网易新闻、头条等）、信息聚合类（如 58 同城、美团等）。

（2）交流互动类。即满足人们沟通交流需求的产品，包含社交类（如微信、QQ、陌陌等）和社区类（如微博、社区团购等）。

（3）网络娱乐类。即满足人们娱乐需求的产品，包含影视音频类（如爱奇艺、腾讯视频、酷狗音乐盒等）和游戏类（如王者荣耀、英雄联盟等）。

（4）交易服务类。即满足人们购物便利性需求的产品。经营交易服务类产品的电商服务包含综合性电商和垂直电商。其中，综合电商售卖全品类的商品，针对的目标用户也是全体用户，如淘宝网、京东商城、天猫商城、拼多多等。垂直电商是指商品聚焦到某一单一品类下，目标用户群体是对该单一品类有需求的用户。例如跨境电商，有天猫国际、考拉海购、洋码头等；生鲜电商，有盒马、每日优鲜、叮咚买菜等；二手交易电商，有闲鱼、瓜子二手车、孔夫子二手书等；母婴电商，有贝贝网、宝宝树等；品质电商，有小米有品、网易严选等。

（5）日常工具类。该品类主要以软件为主，种类繁杂，如浏览器（360极速浏览器、火狐浏览器等）、视频剪辑类（剪影、爱剪辑等）、邮箱类（网易邮箱、QQ邮箱等）等。

本书涉及的电商平台商品主要是指交易服务类产品。只有学会分析商品的基本属性、功能和价值，并与互联网技术优势相结合，才能更好地将商品展示给消费者。

实例演练

某职业学院电子商务专业学生小张获得了在安踏（福建）鞋业有限公司电商事业部实习的机会。安踏公司主营ANTA品牌系列体育用品，主打运动鞋、运动服。为了尽快熟悉公司产品，小张开始了一项系统的产品信息收集工作。小张首先访问了公司天猫官方旗舰店（见图1–3），对正在售卖的商品进行梳理，收集名称、属性、品类以及重要特性等商品信息，并据此整理形成店铺主要经营商品分类信息，见表1–2。

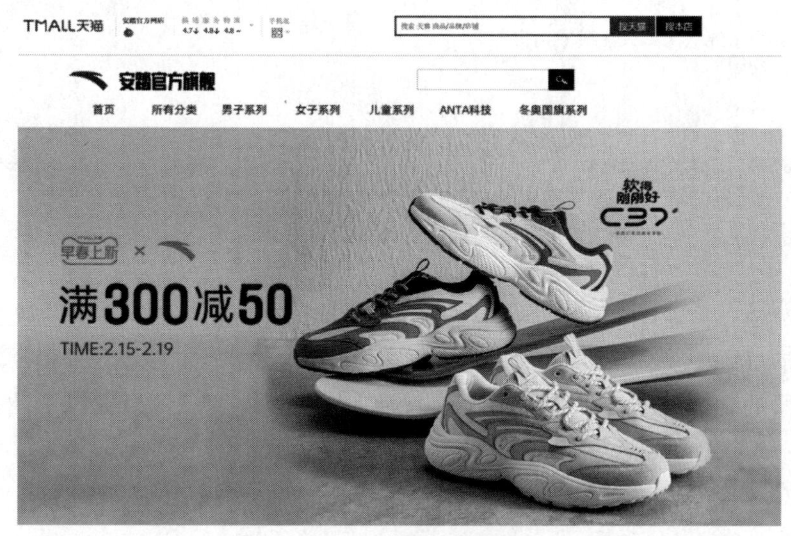

图1–3　安踏官方旗舰店

表 1–2　　安踏官方旗舰店商品分类信息表

大类	中类	小类	细类					
			男子系列		女子系列		儿童系列	
服饰	鞋	跑步鞋	都市畅跑	缓震系	厚底系	轻质系	休闲系	时尚系
		板鞋	低帮板鞋		小白鞋		无	
		篮球鞋	基础系	实战系	基础系	实战系	经典系	青春系
		综训鞋	火箭系	舒弹系	健步鞋	跳绳鞋	无	
	服装	卫衣	休闲系	跑步系	休闲系	跑步系	休闲风	百搭风
		T 恤	篮球系	休闲系	综训系	生活系	无	无
		长裤	休闲系	跑步系	休闲系	跑步系	秋季款	冬季款
		短裤	休闲系	跑步系	训练系	健身系	无	无

根据表 1–2 所示商品分类信息，对跑步鞋小类中的男子系列细类“都市畅跑”的一个热销单品进行属性特征信息收集，为其建立了档案卡片，如图 1–4 所示。

【品牌】安踏 ANTA
【类型】都市畅跑
【闭合方式】系带
【鞋码】39　40　40.5　41　42　42.5　43　44.5
【流行元素】翻边
【颜色分类】黑（革面）–1　黑 5523–1（网面）
黑 / 安踏白（革面）–2　黑 / 安踏白 5523–2（网面）
【适合路面】小道　公路　跑道
【上市时间】2023 年春季
【适用场景】适用地板、跑道、公路、小道
【外底材料】成型 EVA
【适用性别】男子
【帮面材质】合成革 / 织物
【是否商场同款】否
【销售渠道类型】纯电商（只在线上销售）
【中底功能】缓震
【鞋面功能】支撑
【外底功能】轻便
【是否使用环保材质】无环保材料

图 1–4　“都市畅跑”鞋产品信息卡

按照此方法，小张对店铺其他热销产品的属性特征信息也进行了收集，形成档案卡片。在商品信息的收集整理过程，小张不断熟悉公司店铺热销产品品类和属性，完成了热销产品手册的制作。这份手册为小张在以后工作中查询产品信息提供了便利。

拓展训练

依据上述学习内容，请同学们在天猫商城选择一家知名体育用品官方旗舰店，进行店铺商品信息收集，填写店铺商品分类信息表（见表 1–3），并任选一款产品（如篮球鞋）编制产品信息卡（见图 1–5）。

表 1–3　　　　　　＿＿＿＿＿＿官方旗舰店商品分类信息表

大类	中类	小类	细类					

＿＿＿＿＿＿产品信息卡

【品牌】	【颜色分类】
【类型】	【外底材料】
【闭合方式】	【适用性别】
【鞋码】	【帮面材质】
【流行元素】	【是否商场同款】
【适合路面】	【销售渠道类型】
【上市时间】	【功能】
【适用场地】	【是否使用环保材质】

图 1–5　产品信息卡

学习评价

完成本学习单元的学习后，请根据表 1–4 所示评价标准对学习质量进行评价。

表 1–4　　　　　　学习质量评价标准

评价类别	评价内容	分值	得分
知识目标	掌握商品的基本概念	20 分	
	熟悉商品分类依据	20 分	
技能目标	能完成商品分类信息表编制	20 分	
	能完成产品信息卡编制	20 分	
素养目标	培养对商品的整体认知能力	10 分	
	培养主动学习和团队合作意识	10 分	
合计		100 分	

思考与练习

1. 什么是商品？如何理解商品整体概念？
2. 请同学们任选一件商品，分析商品的价值和使用价值。
3. 简述商品分类的依据，并举例说明商品分类的层次。

知识导图

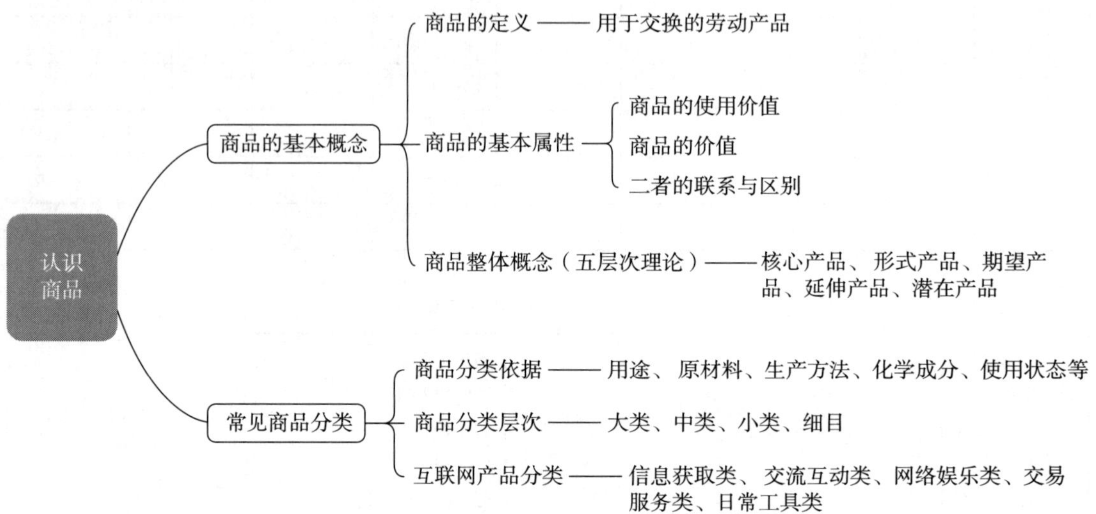

学习单元 2　认识商品质量

一、商品质量的基本概念

1. 商品质量的定义

商品质量是指商品满足规定或潜在要求（或需要）的特征和特性的总和。这里的规定是指国家或国际有关法规、质量标准，也指买卖双方签订的合同要求等方面的人为界定；潜在要求（或需要）是指对商品的适用性、安全性、卫生性、可靠性、耐久性、美观性、经济性、信息性等方面的人为期望；特征是指用来区分同类商品不同品种的特别显著的标志；特性是指不同类别商品所特有的性质，即品质特性。

商品质量是商品具备适用功能，满足规定和消费者需要程度的综合性概念。例如，一台电视机不仅要图像清晰、色彩逼真、伴音优美动听、安全可靠、有一定的使用寿命，还要外形美观、操作方便、经济实惠、信誉好、售后服务良好等。

商品质量是一个动态的概念，其表现在具有时间性、空间性和消费对象性上。不同时代、不同地区、不同的消费对象，对同一商品有不同的质量要求，并随着科技进步、生活水平提高和社会发展而不断变化。例如，在物资匮乏时期，消费者更注重商品使用性能，实用就好；当物资充裕时，除商品功能性要求之外，消费者还追求商品的品相，以满足其审美需求。

2. 商品质量的构成

从表现形式来看，商品质量由外观质量、内在质量和附加质量构成，如图 1-6 所示。商品的外观质量主要是指商品的外部形态及通过感觉器官能直接感受的特性，如商品的样式、造型、结构、色泽、气味、尺寸、大小、轻重等。商品的内在质量是指通过仪器、实验手段能反映出来的商品特性或性质，如商品的物理性质、化学性质、机械性质及生物性质等。商品的附加质量主要是指商品的信誉、经济性、销售服务等。

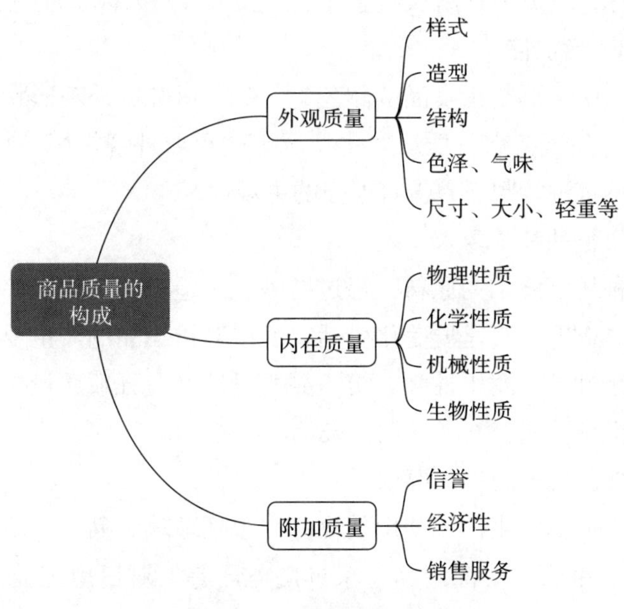

图 1-6 商品质量的构成

商品的外观质量、内在质量和附加质量在不同种类商品中的重要性有所不同。商品的外观质量通常是商品内在质量的直接体现，而附加质量可进一步增强商品的吸引力。

3. 商品质量的基本要求

人们对商品质量的基本要求是根据其用途、使用方法及消费者期望等社会需求来确定的。对普通消费者而言，关注的一般是商品用途，如吃、穿、用等方面。下面对食品、纺织品、日用工业品质量的基本要求进行具体介绍。

（1）对食品质量的基本要求

1）营养性

食品的营养价值包括食品的营养成分、可消化率和发热量三项指标。其中营养成分主要指含有碳水化合物、蛋白质、脂肪、矿物质、维生素和水分等，也是食品的基本物质基础。可消化率是指食物被食用后，能被人体消化吸收的程度。例如，动物蛋白如牛奶、鸡蛋等的蛋白质可消化率最高，可以达到98%～99%。而植物蛋白如大豆蛋白的可消化率普遍较低，为70%～80%，即使做豆浆，最高也只能达到90%多一点。发热量是指食品的营养成分经人体消化吸收后，在人体内能产生的热量。例如，100克香蕉食用后在人体内产生的热量为93千卡，100克的西瓜食用后在人体内产生的热量为27千卡，100克橙子食用后在人体内产生的热量为37千卡。

2）安全性

食品安全性指食品无毒无害，符合应有的营养要求。食品的无毒无害性是指食品中不应含有有害物质和微生物或者其含量不超允许限量，这是食品最基本的质量要求。例如，在水果蔬菜的生长过程中，通常会使用农药来预防病虫害，其进入市场前，必须检测农药残留是否超标，避免因食用农药超标的蔬菜水果对人体造成危害。

3）色、香、味、形俱佳

食品的色、香、味、形是指食品的颜色、气味、滋味、外观形状，它是评定食品新鲜程度、加工精度、品质特点及质量变化状况等的重要外观指标。食品的色、香、味、形通常是依据人的感官进行判断，带有很强的主观性。

（2）对纺织品质量的基本要求

纺织品是以各种纺织纤维为原料，经过纺纱、织造、染整等工序制成的产品。纺织品的作用一是要遮体御寒，二是要美化生活，所以对纺织品的质量要求概括为：服用性好、艺术性高、工艺性精、耐用性强。纺织品质量标准有五项质量指标，即原材料、织品结构、织品物理机械性能、外观疵点和染色牢度。

（3）对日用工业品质量的基本要求

日用工业品是人们日常生活中使用的物品，包括玻璃制品、日用塑料制品、皮革制品、服装、化妆品、纸张、洗涤用品、家具及电器等。对日用工业品质量的基本要求如下：

1）适用性，指日用工业品为满足其用途所必须具备的性能或质量要求。如电冰箱必须能制冷，洗涤剂必须能去污等。

2）耐用性，指日用工业品在使用过程中，能够抵抗各种外界因素破坏的能力。如电灯泡具有发光耐久性。

3）卫生安全性，指日用工业品在流通或使用过程中，不能影响人体健康和人身安全的性能。如化妆品应对人体皮肤无刺激性，各种电器要求不漏电等。

4）结构合理性，指日用工业品的形状、大小、部件组配合理程度等性能。如火柴梗的长度要满足能够点燃可燃物所需要的时间，并且剩余长度适宜。

5）外观美观性，指日用工业品的造型和表面装饰符合人们审美情趣的性能。如花瓶以不同的外观造型设计来满足人们不同的审美要求等。

二、影响商品质量的主要因素

影响商品质量的因素很多，从商品的生产环节、流通环节到消费环节，每一个环节都可能存在影响商品质量的因素。

（1）生产环节

来自农业、林业、牧业、渔业等产业的商品，其质量主要取决于品种选择、栽培和饲养方法、生长的自然环境、收获季节及方法等因素。对工业品来说，其生产过程中的市场调研、开发设计、原材料、生产工艺、成品检验与包装等因素都会影响商品的质量。

（2）流通环节

流通环节实现商品从供应地向需求地移动。影响商品质量的因素主要有商品运输、商品存储与养护、商品销售服务等。其中商品运输主要包括运输工具、运输路线、运输方式、运输时间等。在运输过程中，商品往往受到颠簸、冲击、振动等机械作用，或日晒、雨淋等天气状况影响，造成损耗，降低商品质量。商品存储与养护是预防商品在运输过程中出现破损、变质等质量变化而采取的必要措施。例如控制暂存仓库和冷藏车温度，对生鲜类食品进行有效储藏和运输，以防变质。商品销售服务是商品进入交易市场进行售卖时，需要进行商品陈列、提货搬运、调试服务、技术咨询等服务。如果发生操作不当，会对商品造成损害或破坏，从而降低商品质量。

（3）消费环节

商品消费环节对商品质量的影响因素主要表现在商品使用过程中，包括商品的适用范围和使用条件、使用方法和维护保养等。在商品使用过程中，每种商品都有其特定的适用范围和使用条件，只有遵循这些适用范围和条件，才能确保商品的正常功能和性能。同时，为了保证商品质量并延长商品的使用寿命，消费者应在了解商品性能的基础上，采取正确的使用方法和保养方法。

三、商品标准

1. 商品标准的定义

商品标准是对商品质量以及与质量有关的各个方面（如商品的品名、规格、性能、用途、使用方法、检验方法、包装、运输、储存等）所做的统一技术规定，是评定、监督和维护商品质量的准则和依据。

商品标准是科学技术和生产力发展水平的一种标志，它是社会生产力发展到一定程度的产物，又是推动生产力发展的一种手段。凡正式生产的各类商品，都应符合相应的商品标准。它是生产、流通、消费等部门对商品质量出现争议时执行仲裁的依据。

2. 商品标准的分类

（1）按照制定部门、适用范围不同，分为国际标准、国家标准、行业标准、地方标准和企业标准

1）国际标准。国际标准是指由国际上权威的专业组织制定，并为世界上多数国家承认和通用的产品质量标准。如国际标准化组织（ISO）、联合国粮农组织（UNFAO）等国际组织颁布的标准属于推荐性标准。

2）国家标准。国家标准是由国务院有关主管部门提出，由国家标准总局审批和公布，在全国范围内实施的标准。国家标准的代号为“GB”（强制性标准）或“GB/T”（推荐性国家标准），代号后由两组数字组成，第一组字表示标准的顺序编号，第二组数字表示标准批准或重新修订的年份。如 GB/T 42873—2023《城市公共设施　城市家具　术语》，表示国家标准 42873 号、2023 年发布，为推荐性国家标准。

3）行业标准。行业标准是在没有国家标准的情况下，由国家有关行政主管机构制定、审批和发布，并报国家标准化行政主管部门备案的标准。行业标准适用于特定的行业或领域。行业标准不得与国家标准相抵触，一旦发布实施了相应的国家标准，则该行业标准自行废止。

4）地方标准。地方标准是指没有国家标准和行业标准而又需要在省、自治区、直辖市范围内为统一工业产品的技术要求所制定的标准。地方标准在本行政区域内适用，不得与国家标准和行业标准相抵触。地方标准由省级政府标准化行政主管部门负责制定和审批，并报国务院标准化行政主管部门和国务院有关行政主管部门备案。在相应国家标准或行业标准批准实施之后，该项地方标准即行废止。

5）企业标准。企业标准由企业制定发布，在该企业范围内统一使用的标准，其代号由“Q”加斜线再加上企业代号组成。

（2）按照标准存在的形式不同，分为文件标准和实物标准

1）文件标准。文件标准是以文字（包括表格、图片等）的形式对商品质量所做的统一规定。绝大多数商品标准都是文件标准。文件标准在其开本、封面、格式、字体、字号等方面都有明确的规定，应符合 GB/T 1.1—2020《标准化工作导则》的有关规定。

2）实物标准。实物标准是指对某些难以用文字准确表达的质量要求（如色泽、气味、手感等），由标准化主管机构或指定部门用实物做成与文件标准规定的质量要求完全或部分相同的标准样品。它同样是生产、检验等有关方面共同遵守的技术依据。例如粮食、茶叶、羊毛、蚕茧等农副产品，都有分等级的实物标准，实物标准是文件标准的补充，并且实物标准要经常更新。

实例演练

图 1-7 所示为某品牌纯牛奶包装盒。通过查阅资料，对其包装盒上标明的产品信息

进行解读，我们一起来认识牛乳产品。

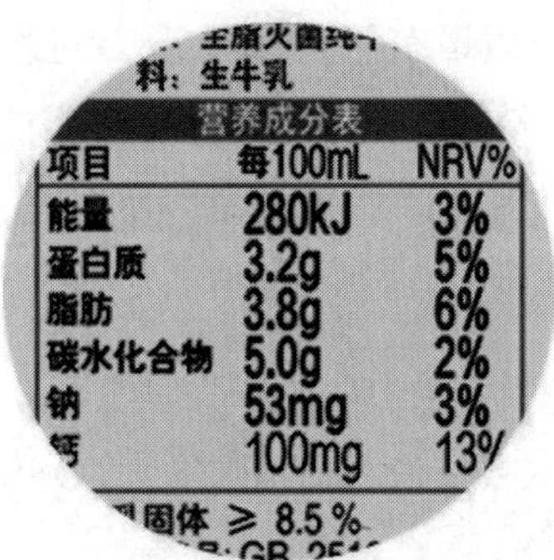

关键信息：营养成分表

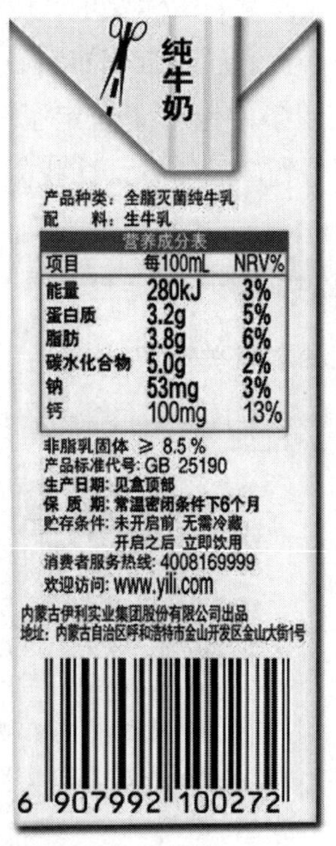

图 1–7　某品牌纯牛奶包装盒

1. 产品种类

本品为全脂灭菌纯牛乳。通过查阅资料了解到，本品采用超高温灭菌的工艺流程，无须冷藏，可在常温下贮存长达几个月，产品标准代号以 190 结尾。除此之外，纯牛乳还有巴氏杀菌乳和调制乳之分，其中采用巴氏杀菌生产的乳品须保存在 4 ℃环境中，保质期一般是 3 天到 7 天，产品标准代号以 645 结尾；调制乳是在牛奶的基础上添加其他成分，以达到丰富口感效果，如优酸乳、酸奶等，产品标准代号以 191 结尾。

2. 营养成分

本品包装上的营养成分表表明了本品所含蛋白质、脂肪、碳水化合物、钠、钙等营养成分的含量。按照国家标准要求，灭菌乳蛋白质含量为 2.8～3.3 g/100 mL，钙含量为 90～120 mg/100 mL；全脂牛奶脂肪含量不低于 3%，低脂牛奶脂肪含量为 1.2%～1.5%。

3. 生产日期与保质期

本品生产日期见盒顶部。通常保质期为：常温密闭条件下保质 6 个月。消费者在购买时应依据自己的饮用习惯，查看生产日期和保质期，保证产品在有效期内饮用。

4. 贮存条件

本品贮存条件是：未开启前无须冷藏，开启之后立即饮用。简言之，“常温保存，开启即饮用完”。

另外，国家相关卫生标准还规定了牛奶中沉淀物、霉菌总数、大肠菌群、乳酸杆菌数目、抗生素残留量等指标要求，以确保消费者的健康与安全。

综上所述，我们通过查阅资料，对牛乳产品质量有了全面认识，对影响产品质量的贮存条件和使用条件也有了一定了解，对维护产品质量的相关国家标准信息也有所认识。通过分析牛乳产品信息，让我们学会了更深入地理解商品及商品质量。

拓展训练

请同学们参考有关矿泉水产品国家标准，对图 1–8 所示芙丝（VOSS）饮用天热矿泉水进行产品信息解读，并回答下列问题。

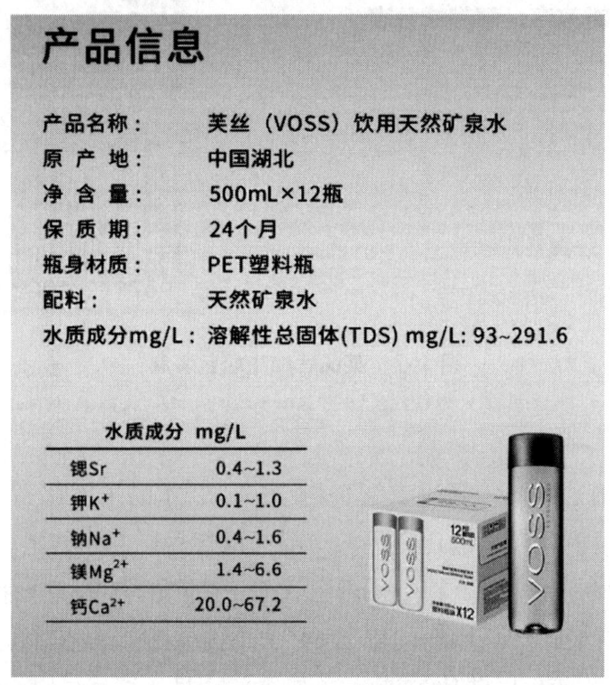

图 1–8　芙丝（VOSS）饮用天热矿泉水

1. 产品名称：________________________；产品属性为矿泉水。

2. 保质期：______个月；国家标准要求是：____。

3. 水质成分 mg/L：溶解性总固体（TDS）mg/L：93～291.6；国家标准要求是：

____。

4. 具体水质成分及其含量：

____。

学习评价

完成本学习单元的学习后，请根据表 1–5 所示评价标准对学习质量进行评价。

表 1–5　　学习质量评价标准

评价类别	评价内容	分值	得分
知识目标	熟悉商品质量的构成	20 分	
	熟悉商品质量的基本要求	20 分	
技能目标	能参照国家标准，结合商品信息，对商品质量做初步判断	20 分	
	能对产品包装信息内容进行解读	20 分	
素养目标	培养商品质量意识	10 分	
	培养主动学习和团队合作意识	10 分	
合计		100 分	

思考与练习

1. 什么是商品质量？简述商品质量的构成。
2. 简述影响商品质量的主要因素。
3. 什么是商品标准？简述商品标准的分类。

知识导图

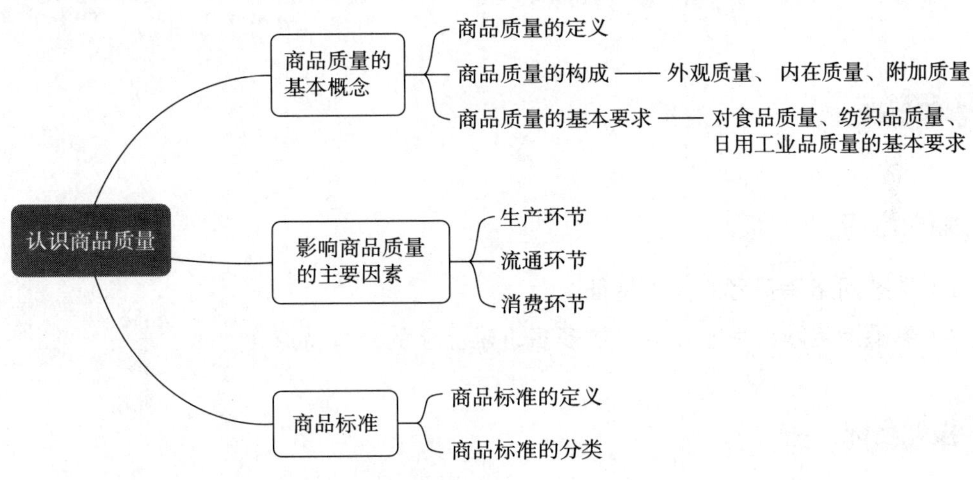

项目二　市场调研

导语

网络市场调研是基于互联网，在一定阶段对特定市场（这里指电商平台）内的竞争状态、商品情况、消费者需求和购买行为的变化等信息进行收集，预测未来市场成长的机会和潜力。在互联网时代，同质化商品很多，做好市场调研，是商品生产者和销售者的必修课。通过市场调研，“倾听”消费者的声音，让商品生产和销售做到有的放矢。

学习目标

知识目标

（1）熟悉网络消费者的需求特征

（2）熟悉淘宝网、京东商城、拼多多、唯品会的经营特点

技能目标

（1）能依据消费者喜好为买家画像

（2）能分析淘宝网、京东商城、拼多多的买家特点

素养目标

（1）培养学生的团队合作意识

（2）培养学生实事求是、严谨认真的职业素养，提升社会责任感

学习单元 1　市场需求分析

随着互联网技术的发展，越来越多的人爱上了网络购物。对于网店商家而言，这种变化无疑带来了巨大的商机。然而，选择网络购物的人群形形色色，他们的需求往往也是多方面的、不断变化的，这就需要网店商家开展网络市场调研。通过市场调研，了解网购消费者的真实需求，画出不同电商平台的买家画像，提高经营商品与消费者的匹配度，向消费者提供精准服务。

一、网络消费者需求特征分析

互联网为消费者提供了一个超大的购物空间。无论何时何地，消费者只要连接互联网，便可以沉浸在各大平台的好物推荐中。随着网络消费的发展，追求高性价比、个性化、便捷性和注重服务逐渐成为网络消费者的主要需求特征。

1. 高性价比消费成为趋势

市场信息透明度的提高使商品之间“质”与“价”的可比性上升。以前，由于只能在线下消费，消费者货比三家的范围通常受到区域内销售类似商品网点数量以及交通便捷程度的限制，可比较的货物太少、商品同质化严重，导致高性价比消费较少。随着电子商务的发展，消费者可以通过多种途径对商品进行比较，比如通过买家评论，或者通过试用商品来检验商品质量，并通过各种价格查询工具，选出自己心仪的“高性价比”商品。

当前，品牌、品质和价格成为消费者网购时更关注的因素。根据调查结果显示，在网购时，51.5% 的消费者会根据品牌选择商品，45.6% 的消费者更注重商品品质，40.9% 的消费者将价格作为主要的考虑因素。在消费升级的趋势下，低加价率、质量有保证的品牌商品更受消费者的青睐，高品质商品的需求将持续上升。图 2–1 所示为网络消费者需求分析。

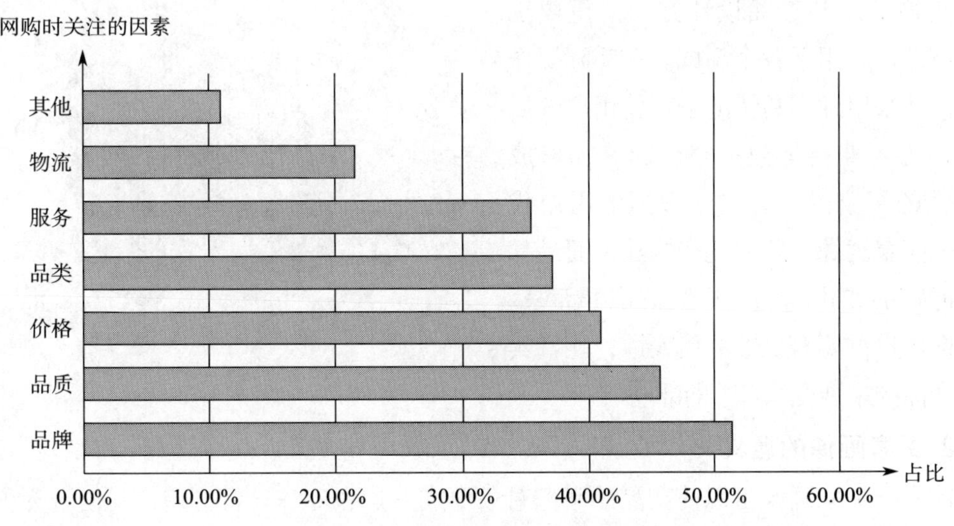

图 2–1　网络消费者需求分析

2. 偏好个性化商品

消费偏好反映了消费者内心的情感和喜好。当前，市场上的商品越来越多，并且基本都是规模化、标准化的量产。当消费的商品基本趋同时，消费者就会产生消费疲劳，对已有的大众化商品失去兴趣，开始关注个性化的、定制化的商品。从心理学的角度来讲，这也是标新立异的一种消费心理。相关数据显示，当前各种个性化、定制化的商品更受消费者的青睐。

3. 追求便捷

随着社会经济的发展，生活节奏加快，人们对便捷的需求越来越迫切。在网购时，人们首先希望网页跳转速度快，如果跳转一个页面需要加载一段时间，消费者就会失去购物的耐心和购物的兴趣。其次是希望支付便捷。例如支付宝已经推出的在一定金额以下可以免密付款的功能，就是迎合消费者在支付时对流畅度的要求。最后是希望物流顺畅。快速的物流配送会给消费者带来良好的购物体验。

4. 注重服务、购买行为感性化

当前，消费者的消费理念已经发生了变化，更注重消费时的服务质量。由于提供同样商品的商家数不胜数，因此，只有服务到位，顾客才愿意消费。同时，消费者的消费行为变得更加感性化，对一定金额以内的商品，价格不再是决定性因素，而更多考虑的是情感的偏好。客服人员良好的服务态度以及因某个突发奇想而获得的灵感，都会促使消费者做出消费决定。所以，如何引起消费者的共鸣，获得消费者情感上的支持，也是网店商家需要考虑的重要问题。

二、建立买家画像

1. 买家画像的概念

买家画像是一种精准勾画目标用户、联系用户诉求与产品设计方向的重要工具，被广泛应用于各个领域。在实际操作中，往往采用通俗易懂的语言将用户的属性、行为与期待等数据整合起来，形成代表性的买家画像。这一虚拟的用户代表——买家画像，并非凭空构建，而是基于实际产品和市场的用户数据推导而来。其目标用户需要有足够的代表性，能真实反映产品的主要受众和目标群体。

2. 买家画像的意义

首先，买家画像可以使产品的服务对象更加聚焦和专注。在打造产品时，人们往往期望有一个产品的目标用户能涵盖所有人，包括男人、女人、老人、小孩等，但通常这样的产品最终都会被市场淘汰。因为每一种产品都是为特定目标人群的共同标准而服务的，目标人群的基数越大，这个标准就越低。换言之，如果这种产品适合每一个人，那么它其实就是为最低标准服务的，这样的产品要么毫无特色，要么过于简陋。

纵览成功的产品案例，其目标用户非常清晰，且特征明显，产品定位专注，做到极致，能解决用户的核心问题。所以，为特定群体提供专注的服务，远比给广泛人群提供低标准的服务更容易成功。

其次，买家画像可以在一定程度上避免产品设计人员草率地反映用户。代替用户发声是在产品设计中经常出现的现象，产品设计人员总是自认为了解用户的期望，并且打着"为用户服务"的旗号。这样的后果往往是：自己精心设计的产品用户并不买账，甚至觉得很糟糕。基于用户数据分析提炼而成的买家画像，给产品设计人员提供了具象的、真实的用户需求。

最后，买家画像还可以提高决策效率。在产品设计流程中，各个环节的参与者非常多，分歧总是不可避免的，导致决策效率低下，影响项目的进度。而买家画像来自于对目标用户的研究，当所有参与产品设计的人员都能基于一致的画像进行讨论和决策，就很容易约束各方，使大家保持在同一个讨论方向上，从而提高决策的效率。

3. 买家画像信息的维度

一般而言，可以将买家画像信息分为六个维度，其基本覆盖了电子商务的业务需求。当然，买家画像的信息维度是复杂的，人们无法仅从获取的外部信息完全了解用户内心世界，所以，需要借助一些场景，针对不同行业和场景的用户使用不同的画像方法。下面以金融行业用户为例来加以说明，如图 2–2 所示。

（1）基本属性

基本属性用于描述用户个人的基本信息，包括姓名、性别、年龄、婚否、联系方式、家庭住址等。

（2）信用属性

信用属性用于描述用户收入情况、收入潜力和支付能力，帮助金融企业了解用户资产信用情况。信用属性包括职业、学历、收入、资产、负债、信用评分等。

（3）消费特征

消费特征用于描述用户主要消费习惯和消费偏好，用于寻找高频和高价值用户。企业依据用户的消费特征推荐相关金融产品和服务，转化率将非常高。消费特征包括：有车族、有房族、购物类型、购买周期、品牌偏好等。为了便于筛选用户，可以参考用户的消费记录和语意场景，将用户直接定性为某些消费特征人群，如差旅人群、境外游人群、3C 控、奢侈品族、母婴用户、理财人群等。

（4）兴趣爱好

兴趣爱好用于描述用户的兴趣偏好，帮助企业了解用户的消费倾向，定向进行精准

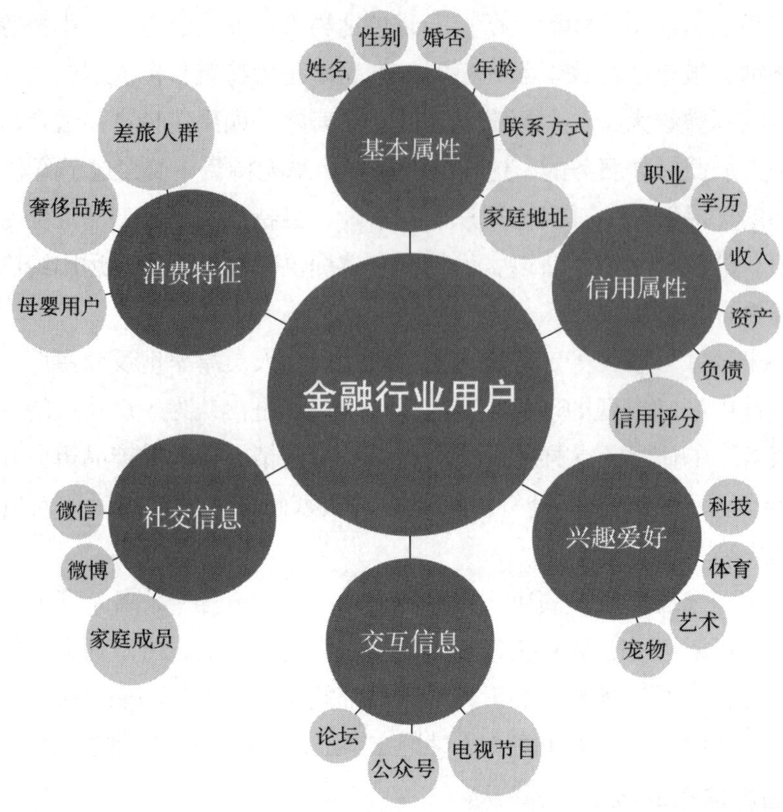

图 2–2 金融行业买家画像

营销活动。兴趣爱好和消费特征信息来源于已有的消费记录、位置信息和不同的语义场景等。例如用户在论坛中会经常询问有关科技产品的资讯，通过对用户语意的挖掘分析，将其定义为“科技发烧友”。

（5）社交信息

社交信息用于描述用户的社交图谱、家庭成员、朋友圈，这些信息往往代表用户的消费预期和用户社会关系网。通过社交信息，可以尽可能完整地了解用户，以便为用户提供个性化的服务。

（6）交互信息

交互信息用于描述用户在社交媒体上的评论，这些信息往往代表用户真实的需求，具有实时性高、转化率高的特点。例如用户在某论坛询问哪种理财产品收益高，通过对用户语意的挖掘分析，判断该用户有投资理财的需求，如果金融企业可以为用户实时推送收益高的理财产品信息，其蕴藏的商业价值将有可能实现。

三、挖掘买家的真实需求

1. 帮助买家发现自己真正的需求

在需要了解用户需求的时候往往会先进行用户调研，倾听用户的想法，而这样做有时会陷入用户思维，认为用户讲的就是他们真正想要的。但有时候用户其实并不知道自己的真实需求是什么，用户只是对当前产品状态提出一些想法，只有当企业把最终产品放在用户面前时，他才知道这正是自己想要的。

2. 挖掘买家需求必须配合其使用场景

例如，对于发送消息是否显示“已读”这个问题来说，微信和钉钉 App 在设计上就有不同的做法。微信不显示已读消息。作为一个熟人社交 App，聊天的双方是平等的，消息接收方可以自由选择是否回复，如果加了“已读”显示反而会给消息接收方造成无形的压迫感。而钉钉作为职场办公社交 App，要求同步工作信息并确保大家都接收到信息，标识“已读”确认就有必要了。所以，需求要符合产品定位，就必须结合实际的用户使用场景。

3. 深度挖掘买家的需求

有些用户可能会告诉商家他想要什么，或者直接要求商家怎么做，甚至告知解决方案如何设计。面对这种用户时要小心，因为用户提出的很可能只是表象的想法。例如用户提出需要一辆宝马车，而且必须是进口的。但当真正为其提供进口宝马车的时候，他又觉得太贵了，不是他需要的。此时应当深入挖掘，用户需要进口宝马车的目的到底是为了代步，还是为了追求更优异的汽车性能，或者是其他原因。只有深入挖掘用户真实的需求，才能设计出符合用户需求的产品，如图 2–3 所示。

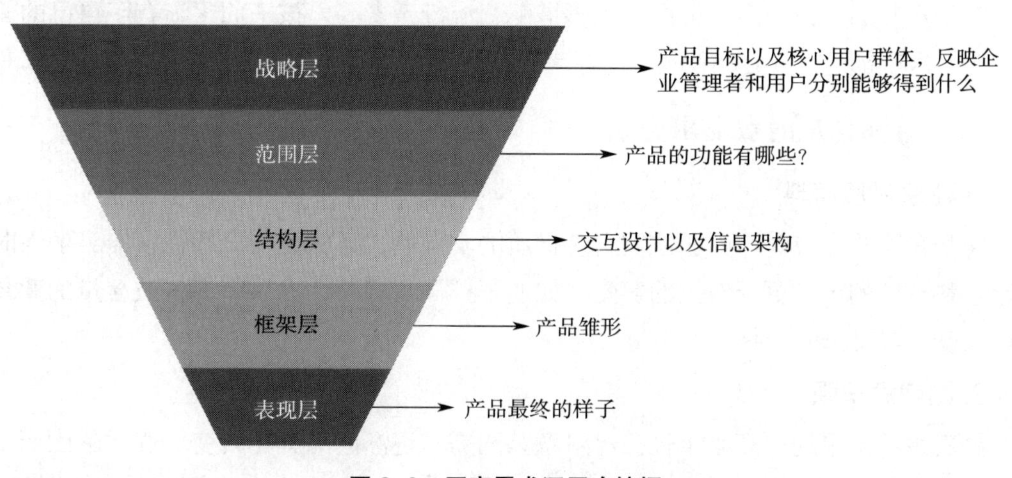

图 2–3　买家需求深层次挖掘

例如小米科技通过深度挖掘买家需求后，提出了“专注、极致、口碑、快速”的产品定位，专注和极致是为了快速放大口碑、快速上规模、快速建立竞争壁垒，通过规模效应分摊专注和极致带来的高成本。

又如百度科技在对买家需求深度挖掘后，认识到“痛点要和刚性需求、高频次关联在一起”。只有痛点建立在刚性需求基础上，才能保证用户基数足够大，而不是将目标人群越挖越窄；只有消费频次足够高，才能通过高频次来分摊高成本。

再如美团外卖在对买家需求进行深度挖掘后，更注重挖掘用户的刚性需求，找到用户还没有被满足的需求，或者未被充分满足的需求。产品需求应是一个高频次的需求，且需求的发生最好是随机产生的。

实例演练

李明在淘宝网上开了一家网店，名为“琪琪童装店”，主要销售中童和大童（4～12岁）服装。最近他收到不少买家对产品的不满意评价，他尝试用以往的经验来解决差评，但收效甚微。于是李明决定对童装店进行目标客户分析，查找原因。下面就是他根据所学的知识，对网购童装买家需求进行的分析。

一、目标客户特征分析

1. 产品购买者特征

中童和大童（4～12岁）童装的购买者，父母为主力军。他们的购买决策主要受到家庭状况、个人喜好及综合购买力等因素的影响。与市场竞争对手相比，产品的差异性和其他同类产品的质量、价格及风格，也是他们重点考量的因素。

2. 产品使用者特征

产品使用者，即年龄为4～12岁的中大童，随着年龄的增长，逐渐形成自己的审美观。对于童装的设计、面料选择、色彩搭配、流行元素等，孩子们逐渐有了自己的偏好和选择。这些都是设计者和销售者必须考虑的因素。

二、目标客户消费需求分析

1. 注重材质面料

家长在购买童装时，更加注重童装材质的安全性，环保性与舒适性；恰当融入时尚元素、科技感的产品更受他们的喜爱，如速干排汗、抑菌、发热等高科技含量的童装产品就颇受年轻父母的青睐。

2. 品牌意识强

随着生活水平的提高，年轻父母对童装的需求逐渐向品牌化转变。优质的生产企业重视童装品牌化发展，在生产设计和制作工艺上力求卓越，从而获得年轻父母的认可，获得较好的品牌效应。

3. 注重口碑传播

在购买童装之前，年轻父母会通过查看买家评价，对比不同平台等途径，获取关于产品的详细信息。如来自购买者的好评、中评和差评等。

4. 关注孩子的自我意识

中大童童装的购买者主要是年龄在30岁至40岁的父母。随着家庭生活水平的提高，这一群体越来越注重孩子的形象和品位。他们希望孩子在成长过程中，能通过关注自己的外在形象，提升个人品位和自我意识。

5. 追求时尚潮流

在新时代，消费者从出生就开始接触各种高科技产品。他们更倾向于从各种媒体和社交平台上获取新鲜事物和灵感。随着年龄的增长，他们更加注重个性表达和独特风格，在服饰穿着上追求独特的风格和品位。

三、建立买家画像

在确定买家画像维度后，为网购童装买家建立买家画像，如图 2–4 所示。

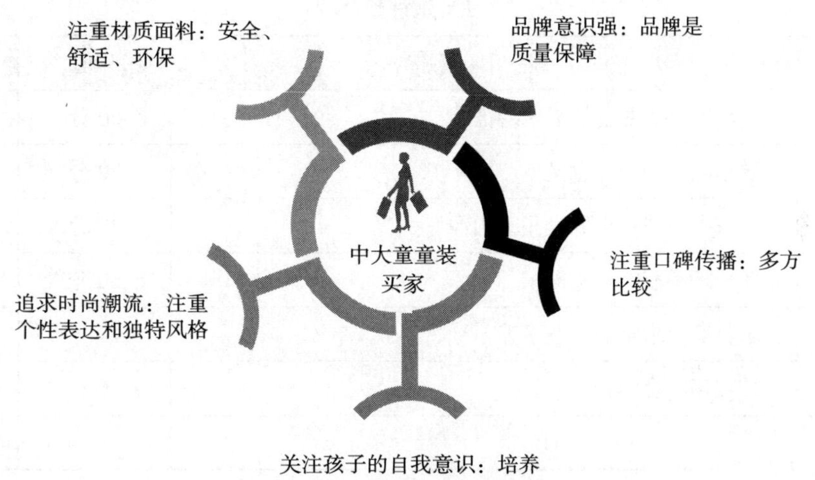

图 2–4　网购童装买家画像

通过以上调研分析，网购童装买家的真实需求如下：

（1）注重品质，价格已经不是买家关心的重点。

（2）喜欢时尚、高品质的品牌产品。

（3）注重科技含量，喜欢充满科技感的产品。

（4）关注社交媒体，经常在社交平台分享购物心得。

拓展训练

请同学们任意选择一类商品，对商品的网购消费者开展市场调研，并为网购消费者建立买家画像，最后分析出这类消费者的真实需求。

一、确定商品品类及目标市场

____

____

____

二、买家需求分析

学习评价

完成本学习单元的学习后，请根据表 2-1 所示评价标准对学习质量进行评价。

表 2-1　　学习质量评价标准

评价类别	评价内容	分值	得分
知识目标	熟悉网络消费者的需求特征	20 分	
	熟悉买家画像的意义	20 分	
技能目标	能依据消费者喜好为买家画像	20 分	
	能分析买家的真实需求	20 分	
素养目标	培养实事求是的职业素养	10 分	
	培养团队合作意识	10 分	
合计		100 分	

思考与练习

1. 简述买家画像的意义。
2. 如何挖掘买家的真实需求？

知识导图

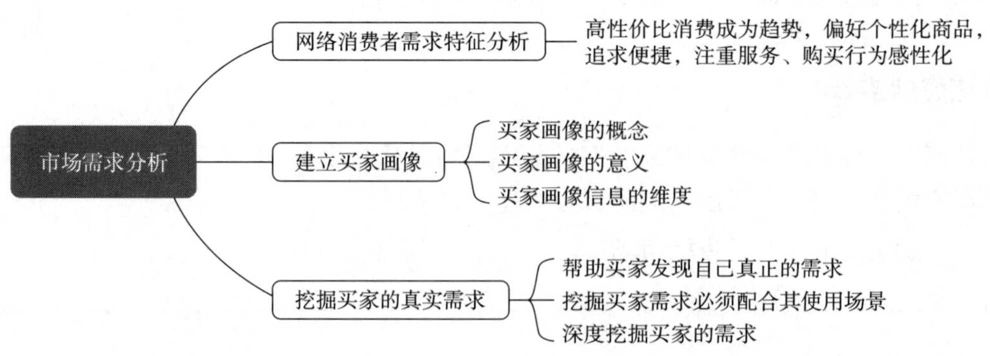

学习单元 2　电商平台分析

一、我国主要的电商平台

1. 淘宝网

淘宝网拥有过亿用户，现已成为我国购物网站中成交量最高的一个网站。淘宝网拥有支付宝支付功能，并推出多种营销活动，还开通了海外淘等一系列购物服务。淘宝网的便捷、自由、丰富，让它成为电商行业中的佼佼者。

2. 京东商城

京东商城以经营家电产品为主，拥有独立的物流系统，在物流服务上优势突出。京东商城又是一个典型的 B2C 电商平台，是企业和个人之间开展交易，它缩短了商品的交易环节，因此，价格优势是京东商城的又一大竞争力。目前京东商城已从早期的家电领域向服装、图书、农产品等多个领域拓展。

3. 拼多多

拼多多是国内移动互联网的主流电子商务应用平台，是专注于 C2M 拼团购物的第三方社交电商平台。拼多多成立于 2015 年 9 月，用户通过发起和朋友、家人、邻居等的拼团，可以以更低的价格购买商品。拼多多旨在凝聚更多人的力量，用更低的价格买到更好的商品，享受更多的实惠和乐趣。通过沟通与分享形成的社交理念，成为拼多多独特的社交电商思维。

4. 唯品会

唯品会于 2008 年 12 月上线，主营业务为在线销售品牌折扣商品，涵盖名品服饰、鞋包、美妆、母婴、居家等各大品类。唯品会的经营特点主要体现在品牌折扣销售、限时特卖、独特的商品筛选机制、大数据分析驱动的个性化推荐、优质的客户服务、会员体系以及跨界合作与创新等方面。这些特征使唯品会在电商领域具有较高的知名度和竞争力。

主要电商平台商业模式对比分析见表 2–2。

表 2–2　　主要电商平台商业模式对比分析

平台	淘宝网	京东商城	拼多多	唯品会
商品定位	商品品类众多，如数码产品、服装、食品、运动类产品等	以计算机、数码产品、通信产品、家用电器为主	社交 + 电商	精选品牌 + 深度折扣 + 限时抢购
商品优势	种类齐全	闪电到货、正品行货、3C 产品	价格便宜	品牌优势
商业模式	C2C	B2C	拼团	B2C

二、淘宝网特点分析

1. 市场定位

淘宝网是目前国内主流的个人交易平台，是基于互联网个人或企业开店、国内外网络购物的需求而创立的，为互联网商品交易用户提供的平台。无论是从商家到个人，还是从个人到个人，其目的只有一个，就是帮助买卖双方实现交易。

2. 用户分析

淘宝网的用户大致分为以下三类，其各自需求见表 2–3。

（1）开店的卖家：通过淘宝网进行创业或者赚取额外的收入。

（2）有着明确购买目标和需求的消费者：购买自己需要的商品。

（3）没有明确购买目标但有购买欲望的消费者：看到喜欢的商品就会购买。

表 2–3　　用户类型与需求

用户类型		用户需求
买家	有着明确购买目标和需求的消费者	1. 快速找到商品搜索渠道 2. 快速找到需要的商品 3. 对关键字检索灵敏度的要求较高 4. 货比三家，通过对卖家信用度、商品视觉感受、价格等的综合比较，优先选择优势突出的商品
	没有明确购买目标但有购买欲望的消费者	1. 喜欢查找并浏览自己感兴趣的商品 2. 商品第一印象较为重要，只有第一印象好才能吸引其进一步点击浏览 3. 商品符合甚至超出消费者要求就会购买
卖家	开店的商家或个人	实现商品销售

3. 买家画像

（1）买家城市分布

从买家地区与城市分布图（见图 2–5）可以看出，淘宝买家在二、三线城市合计占比为 40.7%，买家人数较多；四、五线城市买家占比高于一线城市。淘宝买家主要集中在广东省、江苏省、河南省、山东省等省份，主要聚集的城市有北京、上海、重庆、广州、深圳、成都等，以华东地区最为集中。

（2）手机淘宝和天猫超市买家画像

手机淘宝和天猫超市买家使用时段分布如图 2–6a 所示，8% 以上的买家使用时段为 21：00—22：00；其中以女性买家为主，年龄在 25 岁以下的买家是主力军，线上消费能力在 200～1 000 元，二线城市买家约占 40%，是消费主力军，如图 2–6b 所示。

（3）买家性别与年龄

如图 2-7 所示，淘宝买家以女性为主，约占总买家人数的 83.65%，买家年龄主要集中在 31～35 岁。

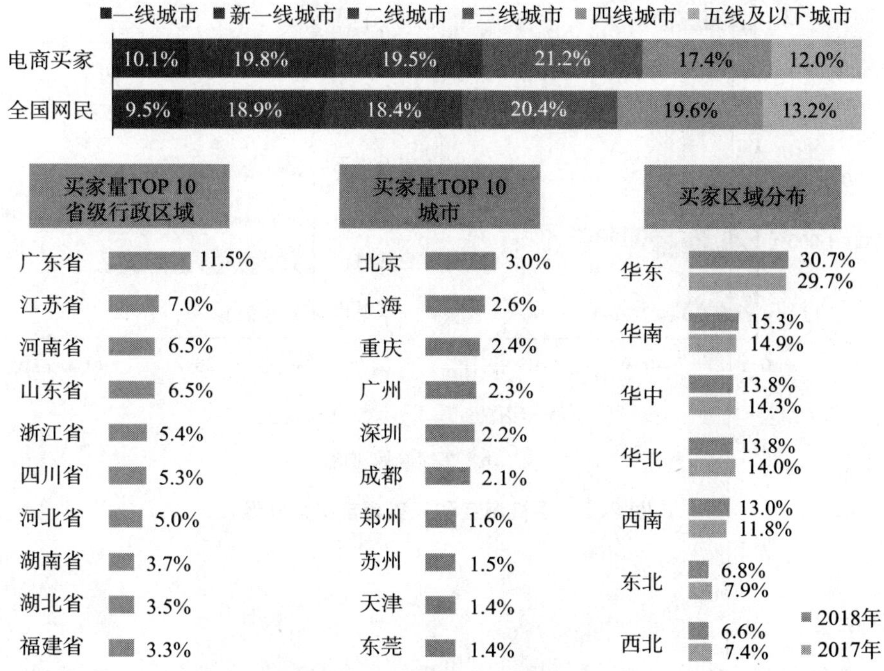

一线城市
新一线城市
二线城市
三线城市
四线城市
五线及以下城市
电商买家
10.1%
19.8%
19.5%
21.2%
17.4%
12.0%
全国网民
9.5%
18.9%
18.4%
20.4%
19.6%
13.2%
买家量TOP 10 省级行政区域
广东省 11.5%
江苏省 7.0%
河南省 6.5%
山东省 6.5%
浙江省 5.4%
四川省 5.3%
河北省 5.0%
湖南省 3.7%
湖北省 3.5%
福建省 3.3%
买家量TOP 10 城市
北京 3.0%
上海 2.6%
重庆 2.4%
广州 2.3%
深圳 2.2%
成都 2.1%
郑州 1.6%
苏州 1.5%
天津 1.4%
东莞 1.4%
买家区域分布
华东 30.7% 29.7%
华南 15.3% 14.9%
华中 13.8% 14.3%
华北 13.8% 14.0%
西南 13.0% 11.8%
东北 6.8% 7.9%
西北 6.6% 7.4%
2018年
2017年

图 2-5　买家地区与城市分布

占比
10%
8%
6%
4%
2%
0%
0:00
2:00
4:00
6:00
8:00
10:00
12:00
14:00
16:00
18:00
20:00
22:00
24:00
使用时段

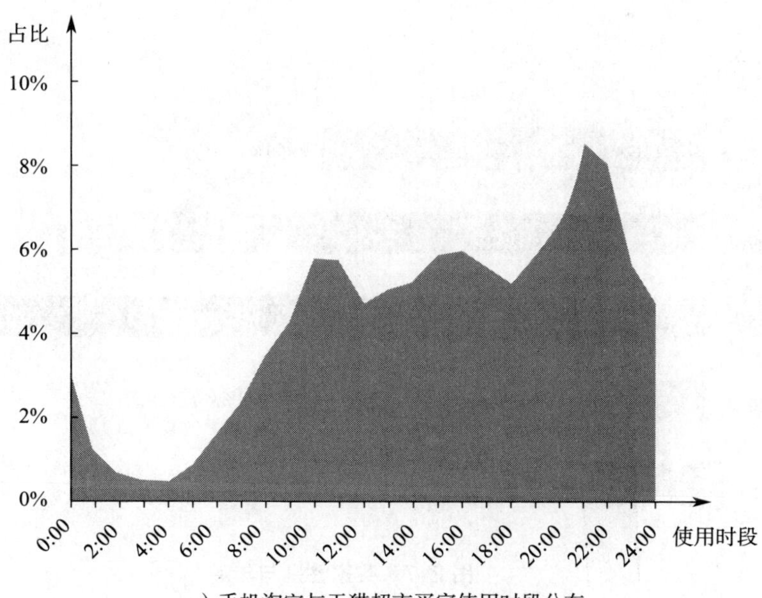

a）手机淘宝与天猫超市买家使用时段分布

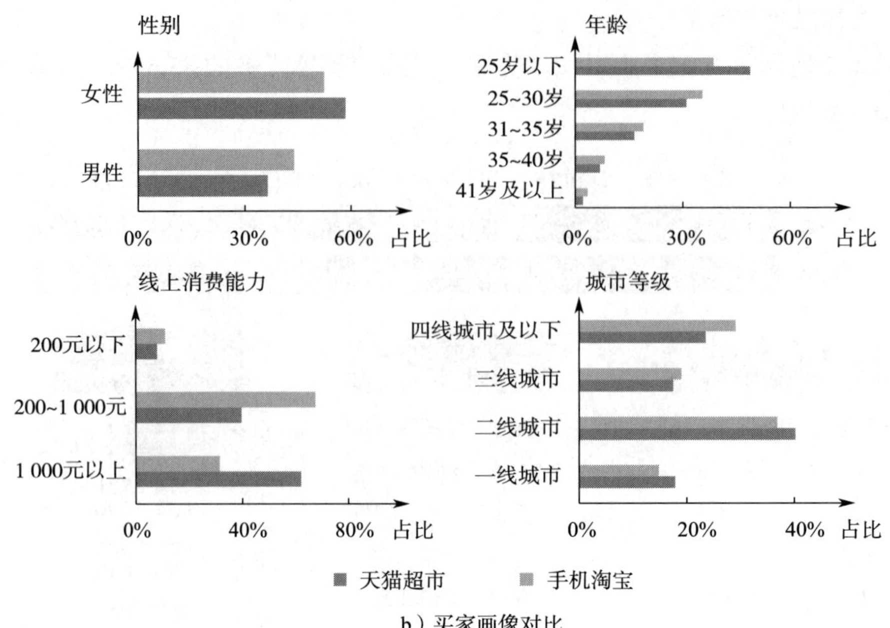

b）买家画像对比

图 2–6　手机淘宝和天猫超市买家画像

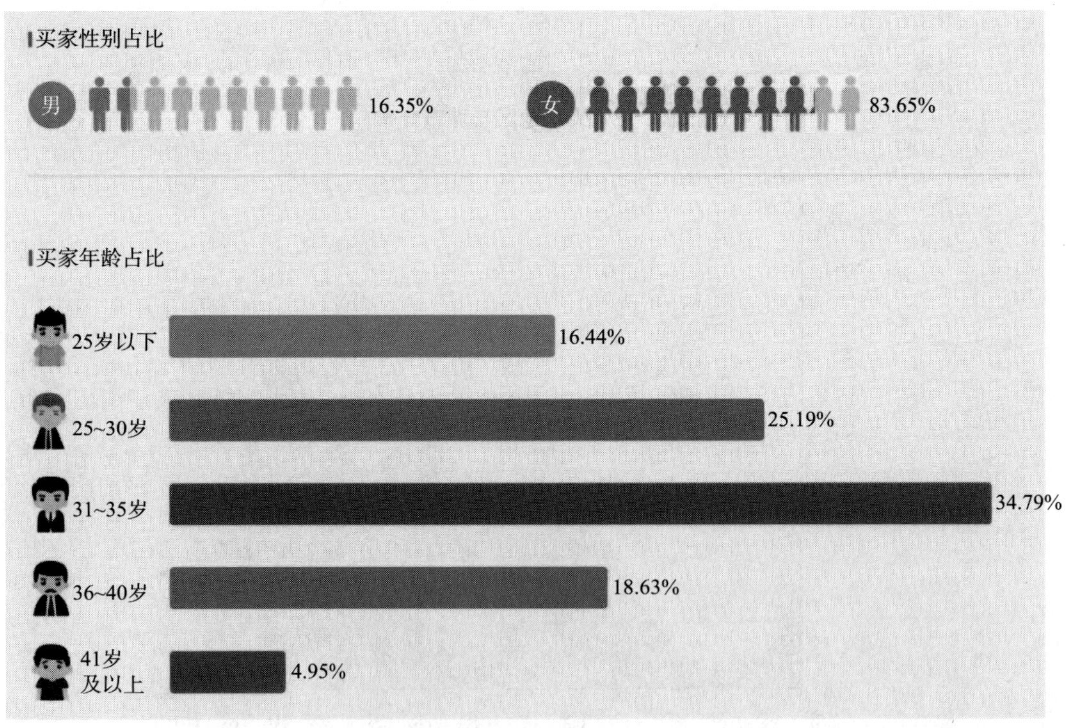

图 2–7　买家性别与年龄

（4）买家对平台优惠的偏好

从图 2-8 中可以看出，买家对淘宝平台推出的包邮、聚划算、天天特价、淘金币等优惠活动比较喜欢。

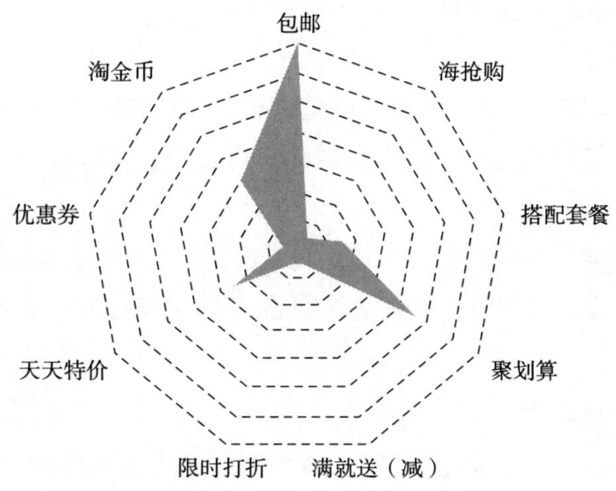

图 2-8　买家对平台优惠的偏好

（5）买家支付偏好

从图 2-9 中可以看出，淘宝买家比较喜欢使用花呗等支付方式，较少使用信用支付。

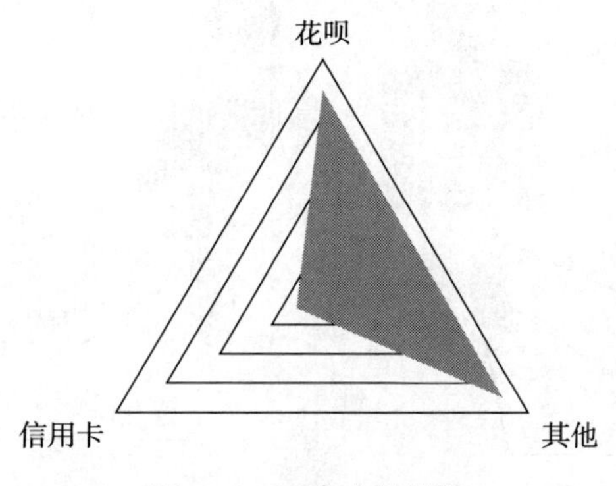

图 2-9　买家支付偏好

三、京东商场特点分析

1. 市场定位

京东商城的市场定位是：中国大型计算机、数码产品、通信产品、家用电器产品的网上购物商城。相较同类电子商务网站，京东商城拥有更为丰富的商品种类，凭借更具竞争力的价格和完善的物流配送体系等优势，赢得了较高的市场占有率，多年稳居行业榜首。

2. 用户分析

（1）从需求的角度

京东商城的主要用户是计算机、通信产品、新型数码产品、娱乐类电子产品和家用电器等的主流消费人群或企业用户。

（2）从年龄的角度

京东商城的主要用户为18～35岁之间的人群。其中25～35岁的白领阶层，不仅消费欲望强，而且消费能力较高，一旦他们成为忠实客户，可以给京东商城带来更多的经济效益。

（3）从性别的角度

京东商城的主要用户是男性消费者，这符合京东商城的客户目标定位。

3. 买家画像

（1）买家基本信息画像

京东商城的买家基本信息画像如图2-10所示，它主要从性别、身高、是否有孩子、颜色偏好、促销敏感度、送货时长忍耐度、用户购买力、用网习惯、地理位置等方面建立画像。

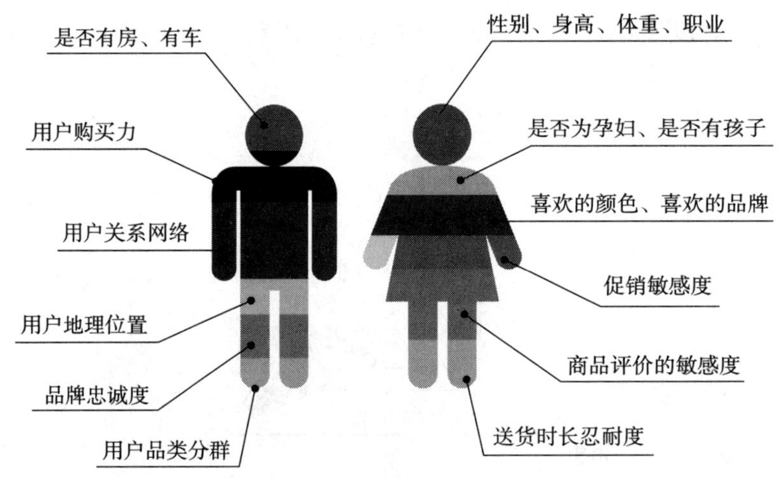

图2-10　买家基本信息画像

（2）买家性别与年龄

从图2-11中可以看出，京东商城买家年龄主要集中在25～34岁。由于平台经营商品的多样性，在此年龄段的买家中女性略多于男性。

（3）买家城市分布

从图2-12中可以看出，京东商城买家中，来自一线和新一线城市的买家数分别占总数的11.8%和17.4%；来自二、三线城市的买家数分别占总数的18.6%和21.3%；四线和五线及以下城市买家占比也超过一线城市，分别是18.2%和12.7%。

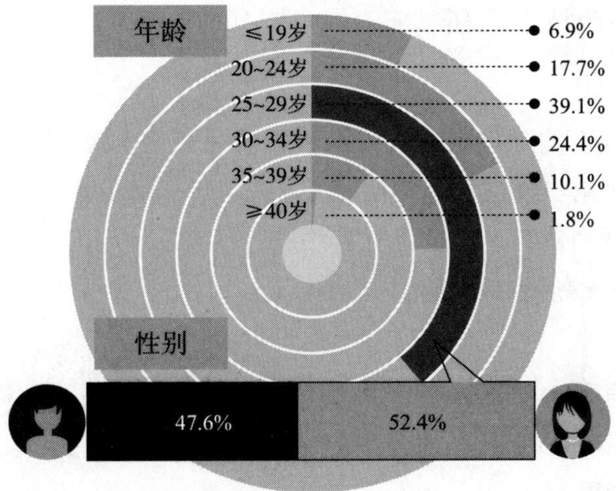

图 2-11　买家性别与年龄

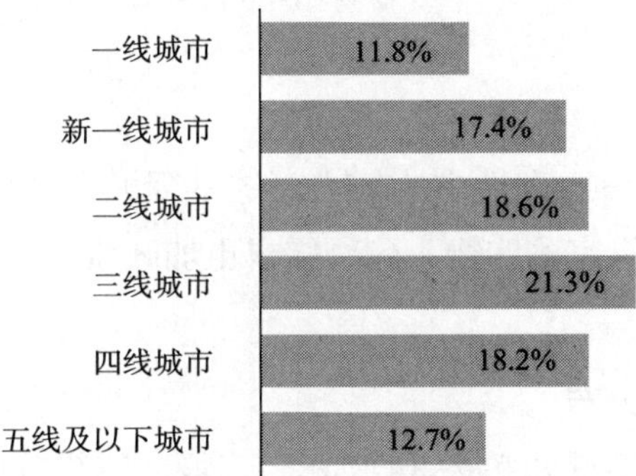

图 2-12　买家城市分布

（4）买家学历分布

从图 2-13 中可以看出，京东平台买家中，具有大专学历的买家最多，占比 26.3%，本科学历和高中学历的买家占比分别为 19.1% 和 19.3%。

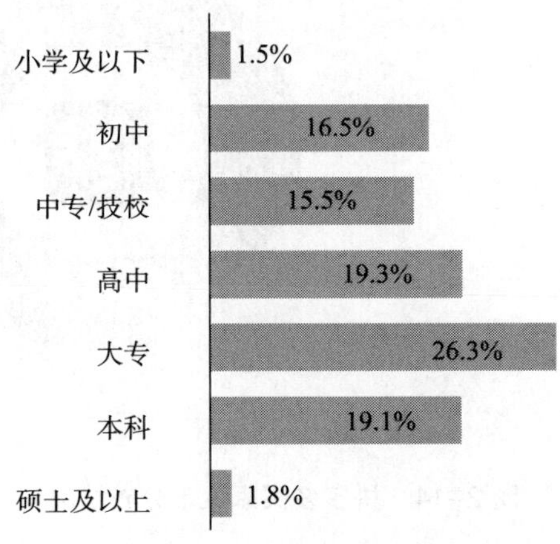

图 2-13　买家学历分布

四、拼多多平台特点分析

1. 市场定位

拼多多作为新电商的开创者，致力于将娱乐社交元素融入电商运营中，通过“社交 + 电商”的模式（用户通过发起和朋友、家人、邻居等的拼单实现更为优惠的购买，拼多多通过拼单了解消费者，通过机器算法进行精准推荐与匹配），让更多的用户带着乐趣分享实惠，享受全新的共享式购物体验。

2. 用户分析

（1）从需求的角度

拼多多的主要用户是对于价格非常敏感且喜欢便宜货的消费者。

（2）从年龄的角度

拼多多的主要用户为 25～35 岁之间的人群，这部分用户最显著的特征是处于职场的上升期与婚姻家庭的组建期。这个年龄段的用户正处于消费需求旺盛时期，但其经济积累也相对薄弱。

（3）从性别的角度

在性别上，拼多多用户中女性占比较大，这是因为女性用户对于低价购物更敏感，并且女性用户会更多地负责家庭购物，购物需求更加旺盛。

3. 买家画像

（1）拼多多买家城市分布

拼多多买家城市分布情况如图 2–14 所示，二线、四线城市是拼多多的消费主力军。城市买家位居前三的是北京、上海和重庆。

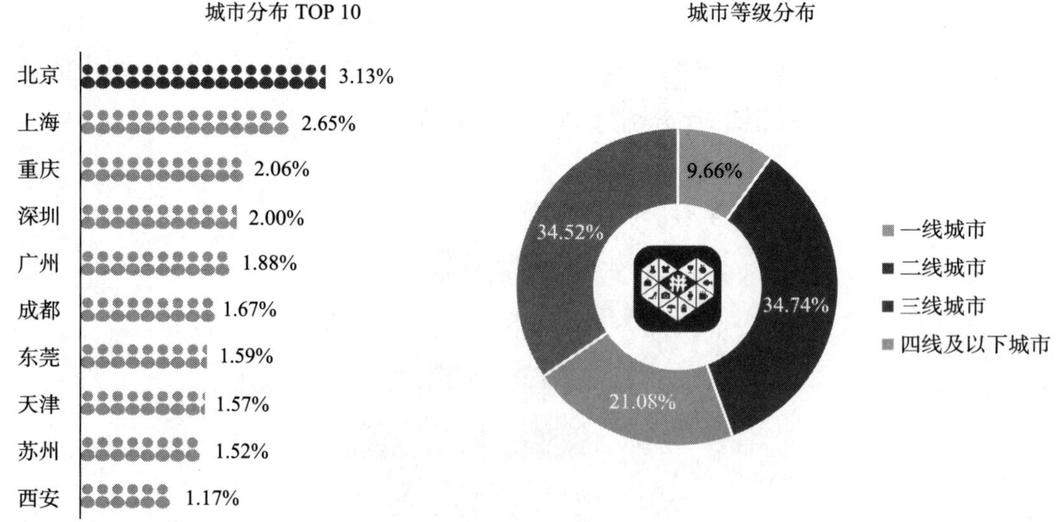

图 2–14　拼多多买家城市分布情况

（2）拼多多买家购物情况

拼多多买家的购物情况如图 2-15 所示，拼多多买家年龄以 25～30 岁居多，买家中男性只占 21.5%，在校生仅有 9.3%。

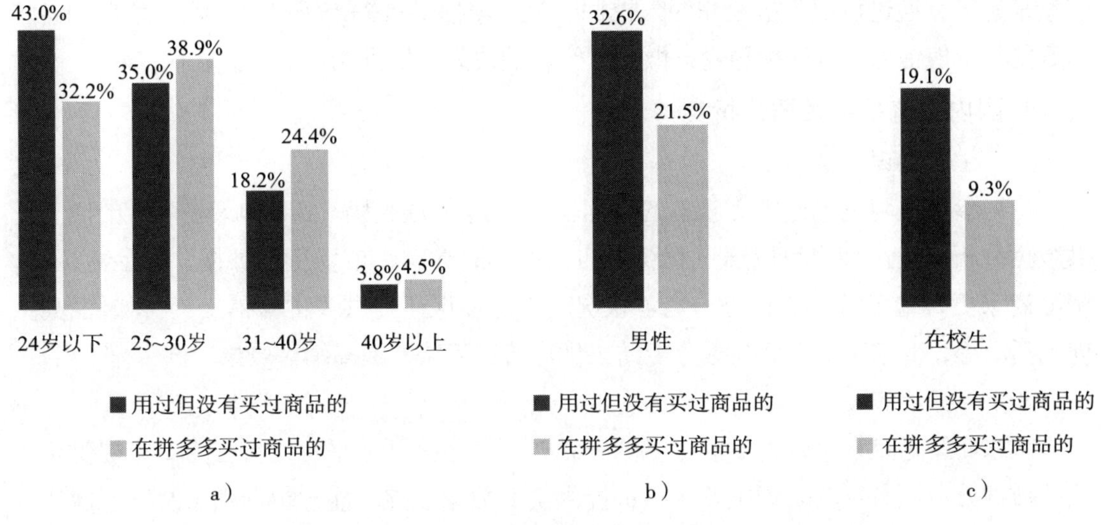

图 2-15　拼多多买家购物情况

（3）拼多多买家购物动机

通过对拼多多买家购物动机（见图 2-16）的分析发现，在拼多多平台上能买便宜商品是买家的主要购买动机。

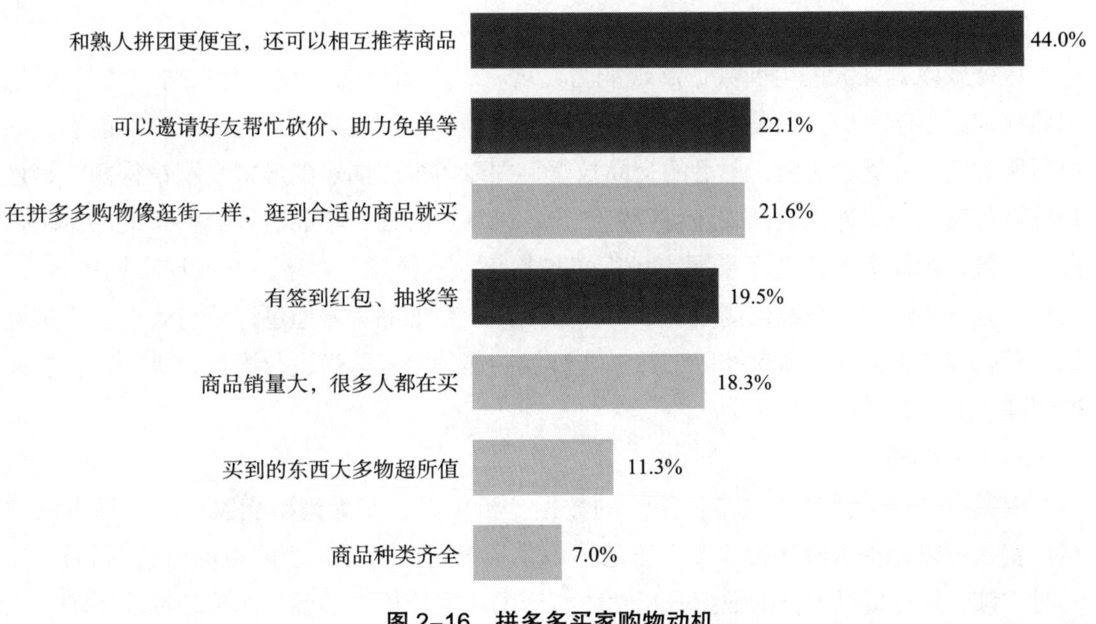

图 2-16　拼多多买家购物动机

五、电商平台数据分析工具

电商平台数据分析工具是帮助商家深入理解市场和客户需求、优化运营策略的关键工具。这类工具能够收集、整理和分析电商平台上的各种数据，如销售额、用户行为、流量来源等，通过可视化报表和深入挖掘，为商家提供有关市场趋势、竞争状况和客户偏好的有价值信息，从而指导商家做出更明智的决策，提升销售业绩。

1. 国内主流平台数据分析类

（1）生意参谋

生意参谋是阿里巴巴集团旗下的数据辅助工具，主要为淘宝网和天猫商城的商家提供数据分析服务。商家可以通过它获取店铺的实时数据、市场行业数据、竞品数据等，帮助商家更好地了解行业趋势和竞争状况。生意参谋还提供多种营销工具，如优惠券、促销活动等，商家可以根据数据分析结果优化营销策略，提高销售效果。

（2）京东商智

京东商智是京东平台为商家提供的一站式运营数据开放平台，旨在为商家提供全方位的数据分析服务。其功能主要包括：提供实时数据监控功能，帮助商家及时了解店铺运营情况；了解店铺流量的来源和去向，包括 PC、App、微信、手机 QQ 等各个渠道；了解商品的销售情况、价格走势、评论等信息，有助于商家制定更精准的商品策略；还提供竞品分析功能，了解竞争对手的销售情况、价格策略、促销活动等信息。京东商智还提供多种营销工具，如购物车营销、精准客户营销等，商家可以根据数据分析结果制定更有效的营销策略。

（3）数据威

数据威以其强大的电商数据展现能力而著称，覆盖天猫商城、淘宝网、京东商城、国美在线、苏宁易购、聚美优品、唯品会、考拉等多个国内主流电商平台。它能够实时更新所关注的品牌、店铺、单品的交易数据，并以可视化图表的形式呈现销售额、销量和价格等信息。此外，数据威还可以跨平台、品牌、店铺、单品进行分析，提供定制化报告服务，帮助品牌方全面掌握市场行情和趋势，定位竞争对手，并发现市场机会点。此外，数据威还可以在线监测电商平台分销店铺，帮助品牌方通过评分有效管理店家降价、满减等各种活动，实时控价，并对非授权店铺的侵权行为进行维权，进行有效的渠道管理。

（4）淘数据

淘数据是一款热销宝贝排行统计的数据分析工具，专为淘宝卖家打造。通过淘数据，卖家可以轻松查看各行业类别下的热销宝贝排行榜数据，了解市场热销商品趋势。同时，该工具还提供丰富的数据分析功能，帮助卖家分析热销宝贝的营销推广活动、查询特定时间段内的收藏量、评价数、标示一口价、实际成交价、销售量、销售金额等数据，为选品提供有力支持。

（5）千里眼

千里眼是一款专注于宝贝标题优化的工具。它能够一键分析宝贝标题的得分情况，包括关键词数量、展现量、点击量、点击率、转化率等多项指标。同时，千里眼还提供自动推荐类目热门关键词功能，帮助卖家打造高质量标题并提高商品转化率。此外，该工具还能够实时监测竞争对手的标题情况，为卖家提供流量抢占先机。

2. 亚马逊平台数据分析类

（1）Jungle Scout

作为亚马逊官方认证的第三方服务商，Jungle Scout 以其全面的解决方案而闻名，包括卖家选品、竞品跟踪、市场趋势分析、关键词搜索及反查、Listing 优化、站外引流、邮件营销、店铺利润分析、PPC 广告优化以及供应商搜索和管理等功能。Jungle Scout 已成为亚马逊卖家不可或缺的助力。

（2）AMZScout

AMZScout 被誉为最智能的亚马逊产品调研工具。通过简单的点击操作，卖家即可获取亚马逊上竞品的全方位销售数据，为运营策略的完善提供坚实的数据支撑。AMZScout 的强大功能帮助亚马逊卖家高效锁定利润丰厚的优质产品，并一键获取 BSR（Best Seller Rank，畅销排名）、销售额和利润情况等关键信息，极大地简化了产品开发流程，使卖家能在激烈的市场竞争中脱颖而出。

（3）CamelCamelCamel

CamelCamelCamel 是一款深受卖家喜爱的免费工具，它能够追踪亚马逊上特定产品的价格变动，并及时通知卖家所关注产品的最新价格信息。这一功能对于需要时刻掌握市场价格动态的卖家来说尤为重要。

3. 直播带货平台数据分析类

（1）蝉妈妈

蝉妈妈是一款短视频运营数据分析工具，前身为蝉大师。它利用大数据技术追踪短视频流量趋势，提供热门视频、音乐、爆款商品及优质账号等信息。通过蝉妈妈，用户可以快速发现短视频平台上的新热点，并助力账号内容定位、粉丝增长、粉丝画像优化以及流量变现。

（2）抖查查

抖查查是一款一站式短视频数据分析平台，专注于抖音短视频和直播电商数据服务。它提供丰富的数据分析功能，包括热门视频、音乐、话题、商品、MCN（Multi-Channel Network，多频道网络）机构、优质抖音账号及抖音直播等多项指标。通过抖查查，用户可以轻松了解抖音平台上的市场趋势和竞争对手情况，为账号运营和内容创作提供有力支持。

（3）新抖

新抖是新榜旗下的抖音短视频和直播电商数据工具。它不仅提供抖音热门视频、抖音话题挑战赛等创意素材，以及抖音号及 MCN 机构排行查找功能，还涵盖了打卡探店、直播带货、明星直播监测、短视频种草带货、热卖商品以及品牌营销等全面的短视频在线数据服务。通过新抖，用户可以轻松掌握抖音平台上的市场动态和趋势，为达人运营、DOU+（Douyin Boost，抖音加强功能）监测以及选号投放等提供有力支持。

实例演练

下面是李明对淘宝网童装市场的调研分析，并建立了买家画像。

一、调研的途径及方法

1. 打开淘宝网，在站内搜索框输入关键词“童装”，并设定价格区间，价格区间应与“琪琪童装店”的童装价格区间相近，然后进行搜索。搜索结果如图 2-17 所示。

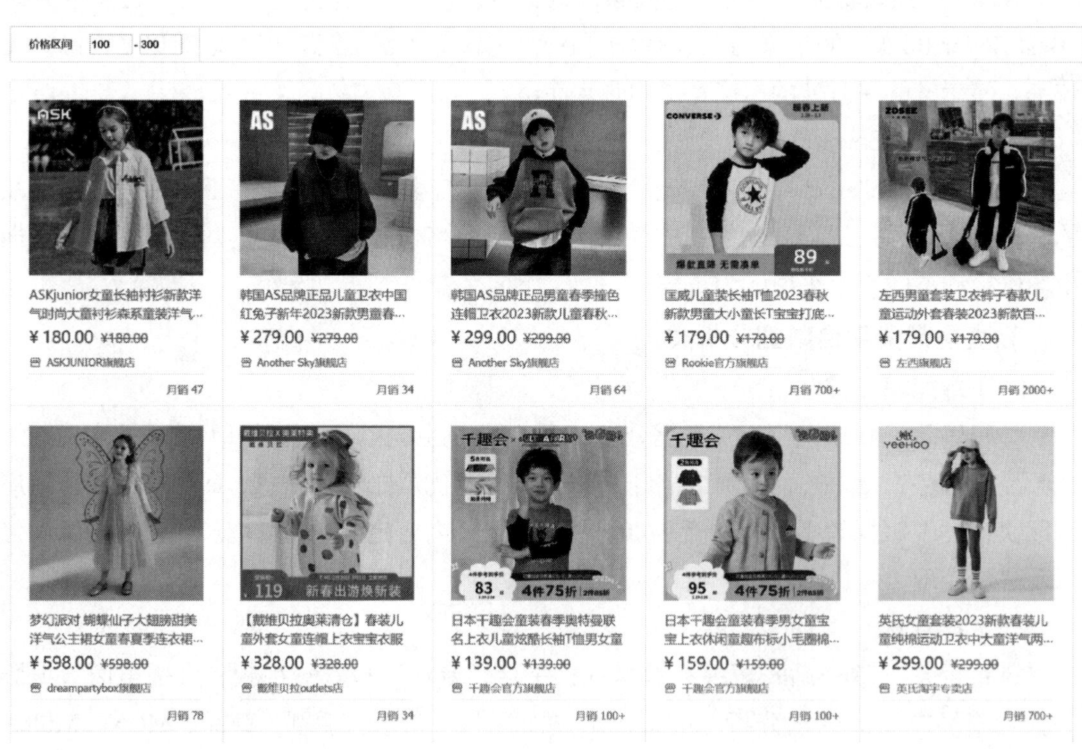

图 2-17 关键词搜索结果

2. 对图 2-17 中位列前 10 名的商品，分别从童装风格、产品面料、销售区域等方面进行分析。

二、通过调研分析，得出结论

1. 运动户外风以近 30% 的成交占比，成为童装风格中的主流趋势。甜美公主风和怎么穿都不会错的基础百搭款也备受买家的欢迎。复古国风以近 110% 的同比增速成为增长最快的童装。

2. 买家最爱的是棉麻亲肤的面料，而运动光感和自带黑科技的速干面料也获得了不少买家的青睐。

3. 在童装领域，广东地区的消费能力最强。河南、湖南、四川和福建等地买家的购买能力也丝毫不容小觑。

4. 无论是在沿海城市还是在中南部地区，“童趣、可爱”已经不是童装的代名词。买家把自己对时尚的感知投射在宝宝的穿搭上，无论是街头潮流派还是学院文艺风都是他们的选择。

5. 在童装市场，“85 后”父母贡献了近四成消费量，而“90 后”买家也不甘示弱；随着时间的推移，“80 后”父母已开始渐渐退出童装购买的主力军团。总体上看，买家主要是女性。

三、根据上述分析，建立买家画像，如图 2–18 所示。

图 2–18　买家画像

拓展训练

根据所学知识，请同学们对京东商城童装市场建立买家画像。

一、童装市场的特点

二、买家画像

学习评价

完成本学习单元的学习后，请根据表 2–4 所示评价标准对学习质量进行评价。

表 2–4　　学习质量评价标准

评价类别	评价内容	分值	得分
知识	熟悉我国主要电商平台的经营特点	20 分	
	熟悉电商平台分析的基本内容	20 分	
技能	能分析淘宝网、京东商城、拼多多平台的买家特点	20 分	
	能依据淘宝网、京东商城、拼多多平台数据初步建立买家画像	20 分	
素养	培养团队合作意识	10 分	
	培养实事求是、严谨认真的职业素养，提升社会责任感	10 分	
合计		100 分	

思考与练习

1. 简述淘宝网、京东商城、拼多多、唯品会的经营特点。
2. 简述京东商城的买家特点。
3. 简述电商平台的主要数据分析工具。

知识导图

电商平台分析
我国主要的电商平台
淘宝网
京东商城
拼多多
唯品会
淘宝网特点分析
市场定位
用户分析
买家画像
京东商城特点分析
市场定位
用户分析
买家画像
拼多多平台特点分析
市场定位
用户分析
买家画像
电商平台数据分析工具
国内主流平台数据分析类
亚马逊平台数据分析类
直播带货平台数据分析类

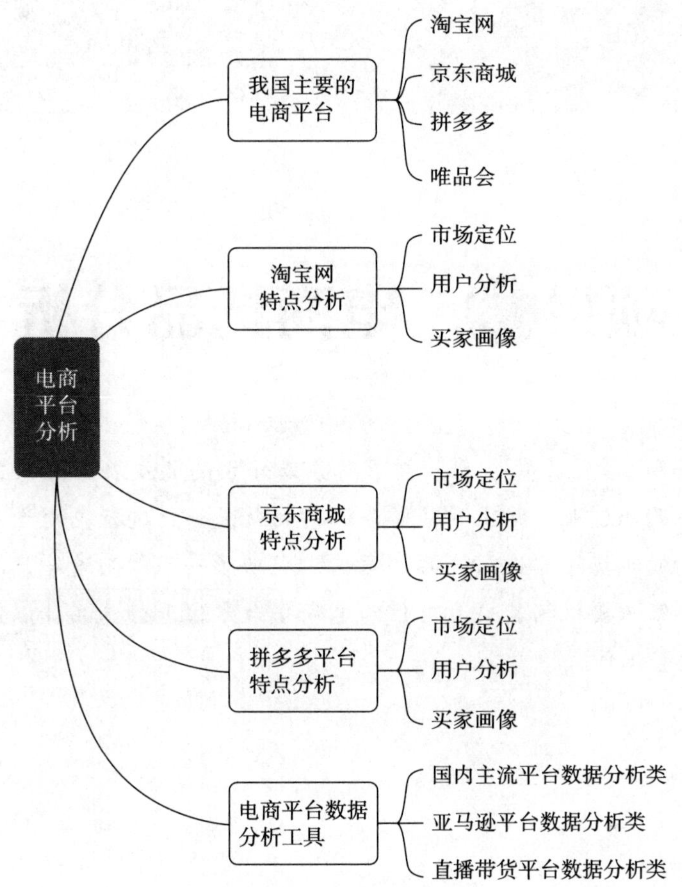

项目三 电商选品分析

导语

在大数据和5G发展的今天，电子商务正处于高速发展的阶段，越来越多的人选择在网上开店创业。网上开店首先面对的就是如何进行电商选品。在以消费者需求为导向的市场下，选对产品，意味着成功了一半，而选错产品，就面临失败的风险。商家需要根据其自身条件和电商平台定位进行选品，以便更好地开展后续的网店运营工作。

学习目标

知识目标

（1）熟悉选品和电商选品的概念

（2）熟悉电商选品的原则和方法

（3）熟悉电商爆品思维

技能目标

（1）能熟练使用电商选品工具

（2）能熟练运用选品技巧进行电商选品

（3）能根据电商爆品思维进行电商爆品分析

素养目标

（1）培养学生对中国制造的自豪感以及诚实守信的职业素养

（2）培养学生严谨认真的态度

学习单元 1　电商选品基础

一、电商选品概述

选品是指在市场环境下根据商家自身店铺现有的资源和供应优势，选择有利的行业，并借助选品工具，选出最终要经营的产品。俗话说，七分选品，三分运营。一切运营推广都是从选品开始的，所以每次的选品都至关重要。商家一定要根据经营数据来分析，了解竞品的竞争市场，做出正确的判断。

电商选品是在网络市场环境下，结合不同的电商平台特点，帮助商家选择优秀的主营产品的过程。打造爆款的核心就是选对产品。选品在前，打造爆款在后。电商选品对于店铺的运营具有重大作用。只有了解选品的逻辑、选品的方法，才能做出正确的判断和选择。

1. 电商选品原则

（1）找准平台，确定产品规划

在互联网上开设店铺，因入驻的电商平台服务对象及特点不同，决定了其店铺经营的产品类型也不同。例如 1688 网主要面对企业或者批发客户，京东商场主打 3C 产品，即便都是全品类经营，入驻店铺的经营产品也有不同侧重。随着电子商务的深入发展，消费者对于品牌要求越来越高，没有品牌支撑难以经营。据数据显示，个人店铺的流量呈递减趋势，而经营良好的店铺都有品牌保护或者授权的天猫店铺引流。所以，依据电商店铺定位，选择适合的电商平台，确立产品规划，建立品牌或经营知名品牌的产品，这是选品的基础。

（2）选择大众化普及产品

一般来说，选品应选择大众化普及产品，避免选择搜索量非常小的产品，因为其市场小，难以形成大销量。90% 的消费者都会使用的产品才是大众化普及产品。电商选品不同于一般性的品牌推广。在一个封闭的生态圈内，如果没有搜索量，意味着你的客户对你的产品没有需求，意味着你无法获得免费的流量红利，意味着你每获取一个流量都必须通过高昂的推广费才能得到。

（3）产品要有价格优势

在质量相同的条件下，产品要有绝对的价格优势。在激烈的市场竞争环境中，产品价格优势是吸引消费者购买的关键因素之一。

（4）产品有卖点

网店产品的选择，强调以消费者需求为导向。产品卖点最好是满足客户的“刚需”。是否满足客户的核心需求，决定了电子商务交易能否成交。

随着电子商务的发展，消费者在互联网选购产品时，不仅仅关注价格，产品质量、产品的创新性和独特性，也成为激发消费者购买欲的重要因素。

2. 电商选品方法

（1）市场导向法

市场导向法就是以市场需求为导向，选择受众广泛、受欢迎的产品。运用市场调研、平台数据分析工具，分析竞争对手及全网同品类产品销量趋势，了解目标市场的需求。在竞争激烈的电商市场中，挖掘细分市场是提高选品成功率的有效途径。通过跟踪电商平台的热销榜单、浏览评论等方式，了解目标市场的热销产品。通过关注社交媒体、论坛等渠道，了解消费者的个性化需求，进而挑选出具有潜力的产品。

（2）热点趋势法

热点趋势法是指提前感知热点产品，在前期做好准备，就可以获得利润红利。热点产品一般是旺销很快、滞销也快的产品，如 2020 年的头盔和 2021 年的口罩。当某个产品因为某个体育赛事、热播综艺节目、热播电视剧而导致销量上涨时，这个产品就可能成为热点产品。

（3）行业经验法

行业经验法是指凭借多年的专业领域经验，借助行业之间的信息交流，分析判断出热销产品的方法。如果缺乏产品方面的专业知识，则很难捕捉到所经营产品的流行趋势，在款式和品质方面容易被竞争对手拉开距离。

（4）数据选品法

互联网平台上各种数据分析工具很多，如淘宝平台的生意参谋、百度指数、谷歌关键词工具等。数据选品法就是通过数据分析工具，以数据为依据为卖家选品提供帮助的方法。具体包括搜索人气、价格、销量、店铺数量、在线商品数量等关键指标分析。

（5）限定条件法

卖家在互联网供货平台上，可以通过限定产品价格区间缩小选品范围，也可以限定目标人群，对目标人群进行精准定位，使选品更加聚焦。也可以在平台上设置关键词及限制，达到限定产品属性的针对性，使搜索更加精准地锁定所需产品。例如利润高 15%～20%、体积小、重量轻等限定条件设置。

（6）供货渠道选品

很多卖家根据现有资源（包含线上和线下），经营自己熟悉的产品。稳定的供应链是选择产品的重要因素。

二、选品工具应用

在整个网店经营中，选品是非常重要的环节。商家可以借助百度指数、生意参谋、蝉妈妈等平台工具开展市场分析，分析目标产品所属行业，再具体到细分行业，然后考虑在细分行业中有什么同类的产品满足了消费者的需求。

1. 百度指数

百度指数是以百度海量网民行为数据为基础的数据分享平台，是研究客户兴趣和习惯的重要数据参考平台。商家可以通过百度指数查看产品的长周期走势、客户的人群特性、产品搜索量和成交量的排行榜等内容；还可以在搜索栏中输入想查询的产品类目的关键词，通过搜索指数、人群画像等指标对该产品进行全方位的分析。例如在搜索框输入“口罩”进行关键词搜索，如图 3–1 所示。搜索结果如图 3–2 所示，从图中可以了解近 30 天网民借助百度搜索，搜索“口罩”关键词的频次，形成需求图谱和人群画像。

图 3–1　关键词“口罩”搜索

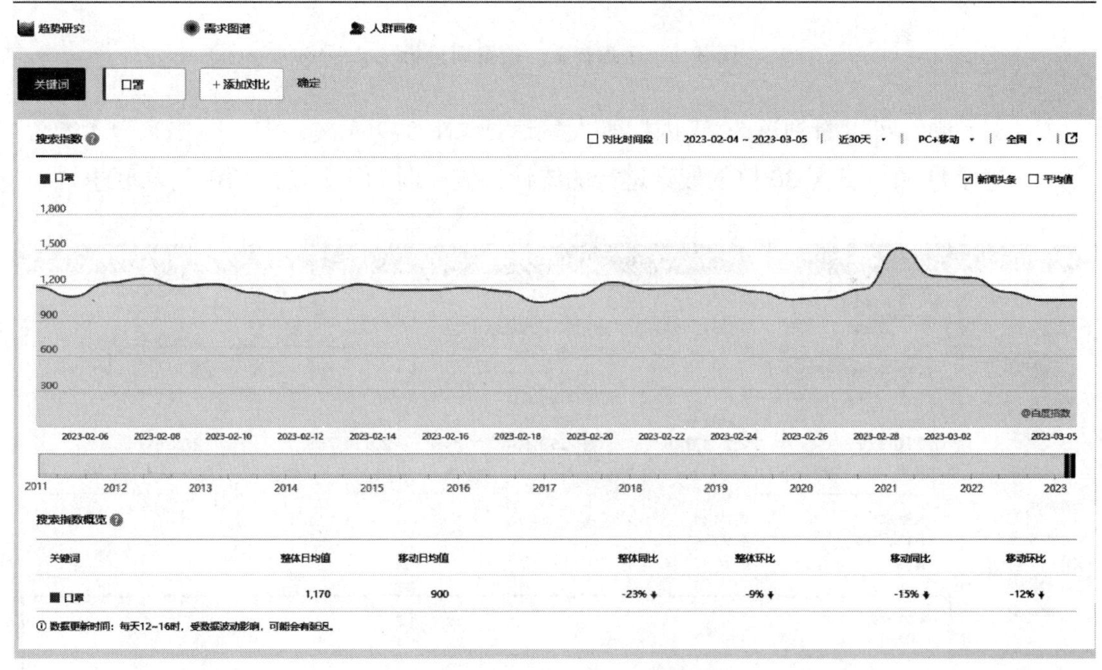

图 3–2　关键词“口罩”搜索结果

2. 生意参谋

生意参谋诞生于 2011 年，是应用在阿里巴巴 B2B 市场的数据分析工具。2013 年 10 月，生意参谋正式走进淘系，在原有规划的基础上，生意参谋分别整合量子恒道、数据魔方，最终升级成为阿里巴巴商家端统一数据产品平台。

生意参谋所使用的数据主要来源于淘宝搜索数据的结果和生意参谋的行业关键词数据。如图 3–3 所示，以搜索“羽绒服”为例，搜索分析的具体操作路径为：“生意参谋”—“市场”—“搜索分析”—“最近 7 天”。羽绒服的搜索分析如图 3–4 所示。

图 3–3 生意参谋“搜索词分析”

图 3–4 中，可以看到近 30 天内搜索人气达到 710 379 人次，支付转化率为 4.97%。该数据是对 11 月 1 日至 30 日的搜索进行的统计，这一时间正是羽绒服的需求旺季。

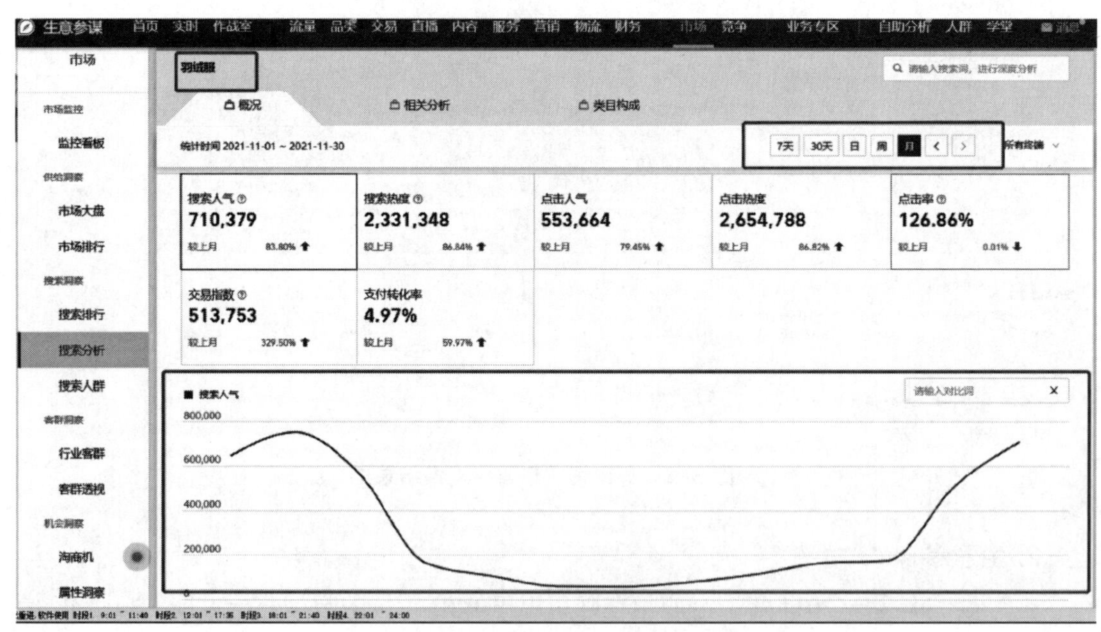

图 3–4 羽绒服的搜索分析

接着查看“相关分析”下的相关搜索词，如图 3–5 所示，这里就会展示很多跟羽绒服相关的关键词。越具体的关键词，所展示的数据就越精确。

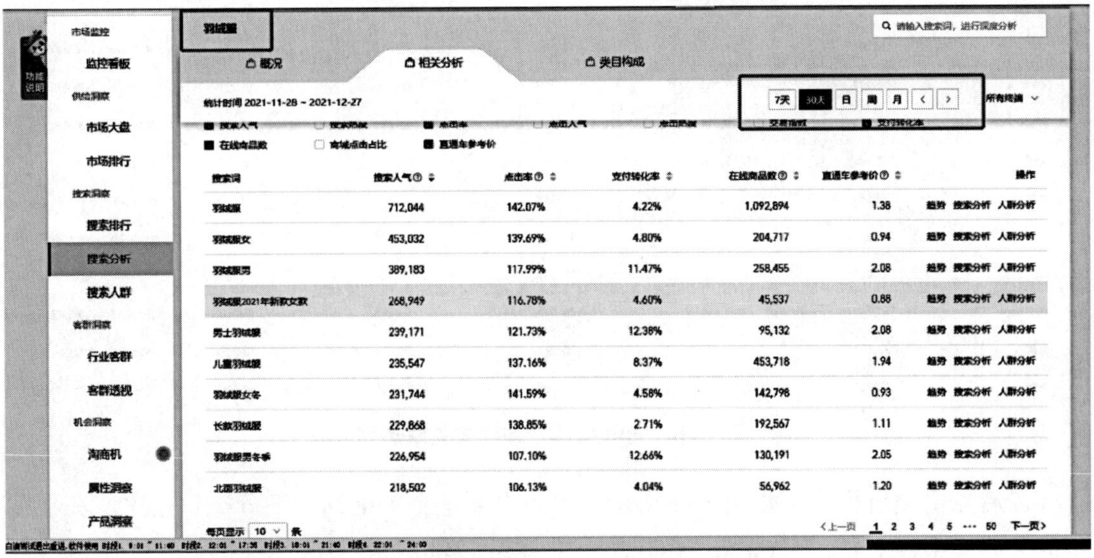

图 3–5　查看“相关分析”下的相关搜索词

一般查看的数据指标如下：

①搜索人气：表示有多少客户搜索了这个关键词。

②搜索热度：表示这个关键词被搜索的次数，反映其受欢迎程度和需求度。

③点击率：点击率等于点击搜索结果的次数与搜索次数的比值。例如，客户搜索了一次羽绒服，点击了 10 个产品查看详情，那么点击率就是 1 000%。

④点击人气：表示有多少客户搜索完关键词后点击了相关产品或链接。

⑤点击热度：表示搜索完关键词后点击产品或链接的总次数。

⑥交易指数：表示通过这个关键词成交的交易总额。

⑦支付转化率：支付转化率等于已完成支付的订单数量与搜索次数的比值。例如羽绒服今天被搜索了 100 次，完成 3 笔订单支付，则支付转化率就是 3%。

⑧在线商品数：表示搜索某个关键词，会找到多少种相关产品。例如，当搜索羽绒服这个关键词时，出现了羽绒服、羽绒服清洁剂、羽绒服收纳袋 3 种不同的产品，那么在线商品数就是 3 个。

⑨商城点击占比：表示店铺产品的点击次数占整个天猫店铺与淘宝店铺的产品总点击数的比例。

⑩直通车参考价：指所选关键词当前的直通车参考点击单价。该价格不是固定的，而是在一定范围内上下浮动。

接着查看关联修饰词或关联热词的数据，如图 3–6 所示，可以挖掘一些产品差异化或者比较小众的需求，如颜色、款式、功能、材质等，进一步思考从哪些需求入手。

相关词分析　相关搜索词　关联品牌词　关联修饰词　关联热词

搜索词	搜索人气	相关搜索词数	词均点击率	点击人气	词均支付转化率	操作
女	383,283	28,401	113.34%	309,808	9.27%	搜索分析 人群分析
新款	257,949	9,304	110.00%	209,380	12.23%	搜索分析 人群分析
男	235,174	13,394	102.81%	184,419	13.79%	搜索分析 人群分析
冬季	161,105	5,126	115.16%	126,117	16.36%	搜索分析 人群分析
长款	147,680	7,450	114.24%	117,845	9.48%	搜索分析 人群分析
冬	143,998	2,476	118.52%	108,139	11.24%	搜索分析 人群分析
女款	141,055	2,696	108.53%	114,484	9.28%	搜索分析 人群分析
男士	124,831	3,606	103.19%	93,898	15.05%	搜索分析 人群分析
儿童	123,900	4,981	120.69%	99,587	13.23%	搜索分析 人群分析
短款	118,264	7,420	111.26%	97,720	14.43%	搜索分析 人群分析

图 3-6　查看关联修饰词或关联热词

最后点击类目构成，如图 3-7 所示，可以看到这个关键词的细分类目占比。在羽绒服的大分类中，女装占了 62%，说明竞争者最多，竞争程度最高。

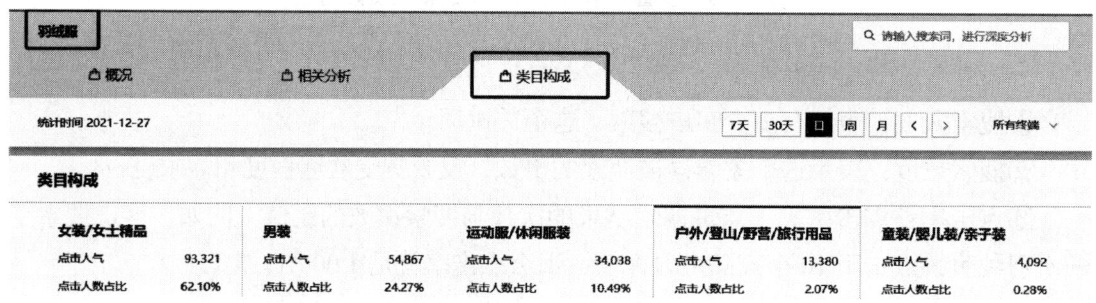

图 3-7　类目构成

如果说，市场模块提供的是行业或者类目的整体数据，那么竞争模块提供的便是商品或者单店的数据。以监控一个商品为例，操作路径为："竞争"—"监控商品"—"竞争配置"，如图 3-8 所示。监控店铺也是如此。

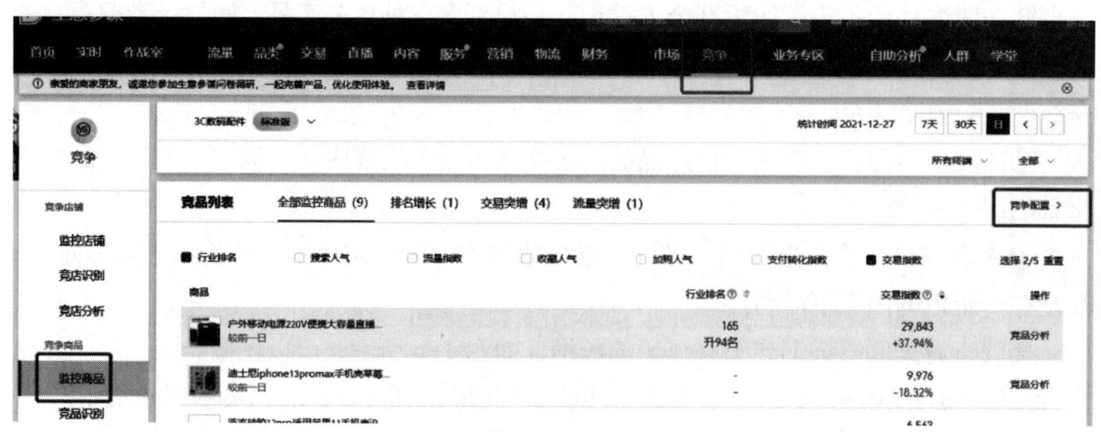

图 3-8　监控商品

填写想查看的商品链接，点击竞品分析，如图 3-9 所示。

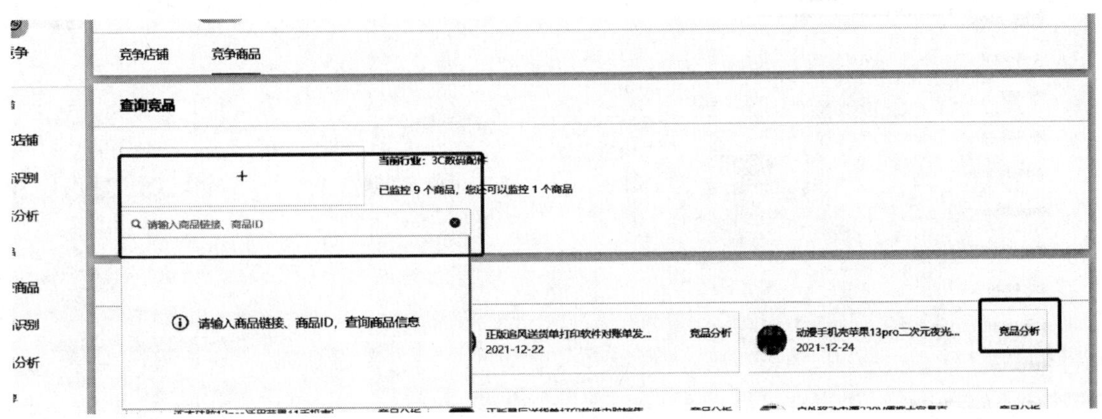

图 3-9　竞品分析

选定某个时间段内，查看有多少人访问这个商品、访问了多少次、加入购物车多少次、成交金额是多少、每天成交几单、这款商品的发展趋势如何等关键指标，如图 3-10 所示。

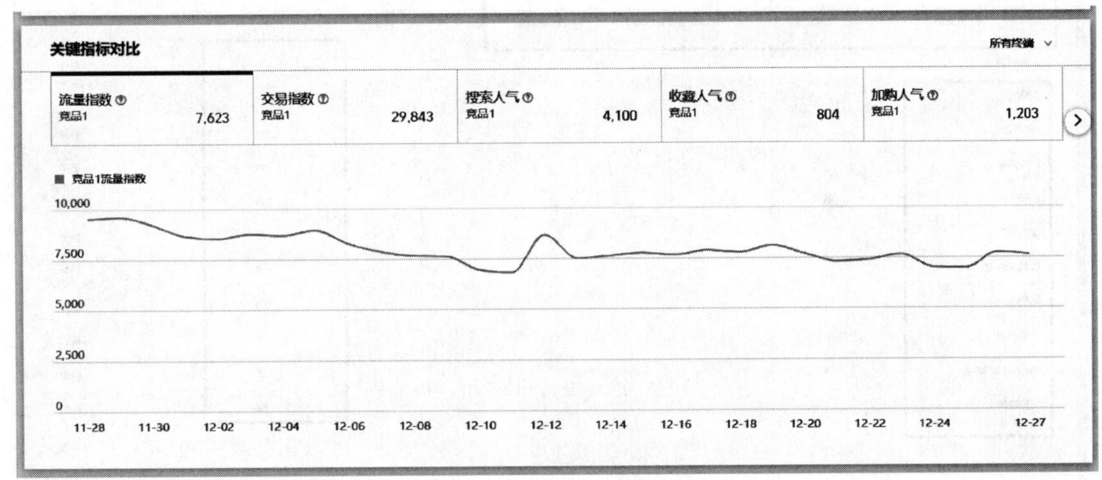

图 3-10　关键指标对比

继续下拉页面，还可以看到客户是通过搜索什么关键词进入的，在哪个关键词下成交，成交了多少金额等，如图 3-11 所示。

再下拉页面，如图 3-12 所示，可以看到该商品的流量构成，是从淘宝的哪些入口进入的，每个入口贡献了多少访客和销售额等。

3. 蝉妈妈

随着智能手机的普及，移动电子商务迅速崛起，众多商城 App 纷纷涌现，与此同时，传统电商平台也顺利实现了向手机端电商平台的转型。除此之外，新兴的直播、短

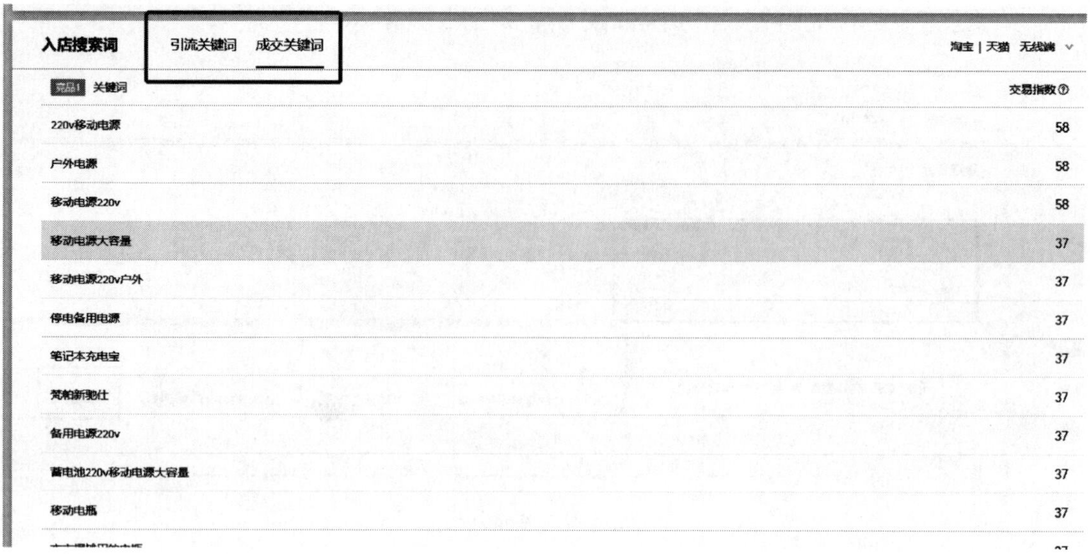

入店搜索词　引流关键词　成交关键词　淘宝 | 天猫　无线端

竞品1 关键词	交易指数
220v移动电源	58
户外电源	58
移动电源220v	58
移动电源大容量	37
移动电源220v户外	37
停电备用电源	37
笔记本充电宝	37
梵帕新驰仕	37
备用电源220v	37
蓄电池220v移动电源大容量	37
移动电瓶	37

图 3–11　成交关键词

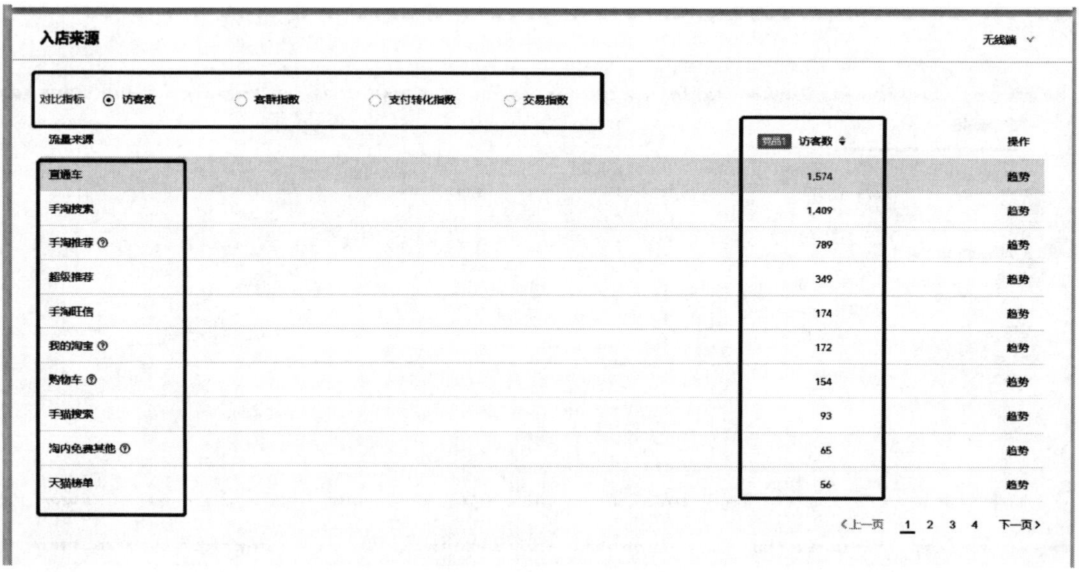

入店来源　无线端

对比指标　◉ 访客数　○ 客群指数　○ 支付转化指数　○ 交易指数

流量来源	竞品1 访客数	操作
直通车	1,574	趋势
手淘搜索	1,409	趋势
手淘推荐	789	趋势
超级推荐	349	趋势
手淘旺信	174	趋势
我的淘宝	172	趋势
购物车	154	趋势
手猫搜索	93	趋势
淘内免费其他	65	趋势
天猫榜单	56	趋势

〈上一页　1　2　3　4　下一页〉

图 3–12　入店来源

视频等电商平台也迅速占领市场。蝉妈妈作为一款专门针对短视频平台的运营数据分析工具应运而生。下面就以“纸巾”选品为例，使用蝉妈妈对意向商品进行数据分析。操作步骤如下：

第一步，登录蝉妈妈官方网站，在搜索框中输入关键字“纸巾”。如图 3–13 所示，蝉妈妈实时数据界面显示，系统会根据销量数据，对排名靠前的“达人、商品、直播、小店、视频、品牌”进行直观展示。从显示结果可以看到，心相印纸巾在“达人”和“商品”两个类别的排名中均名列前茅。

图 3-13 蝉妈妈实时数据

第二步，点击商品“心相印茶语抽纸巾”，进一步查看单品数据。如图 3-14 所示，心相印茶语抽纸巾近 30 日销量为 10 万～25 万。同时，该商品的好评率高达 93.31%，且价格亲民，每包售价仅为 2 元，展现出极高的市场潜力和消费者认可度。

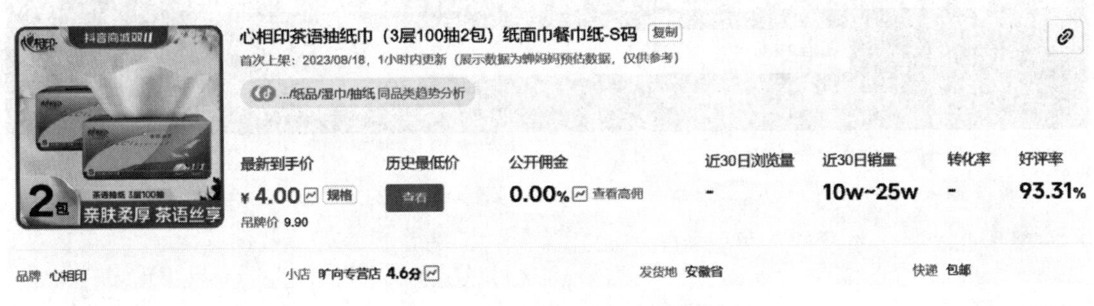

图 3-14 心相印茶语抽纸巾单品数据

第三步，为了更全面地了解商品详情和便于后续进货，点击进入抖店“旷向专营店”。查看心相印茶语抽纸巾商品的基本信息，了解该商品的具体细节，如图 3-15 所示：3 层 100 抽的厚实设计，主要成分为原生木浆，规格为 132 mm × 190 mm，采用茶叶压花工艺，无香型。这些信息不仅体现了商品的品质和特点，也为后续进货决策提供了重要参考。

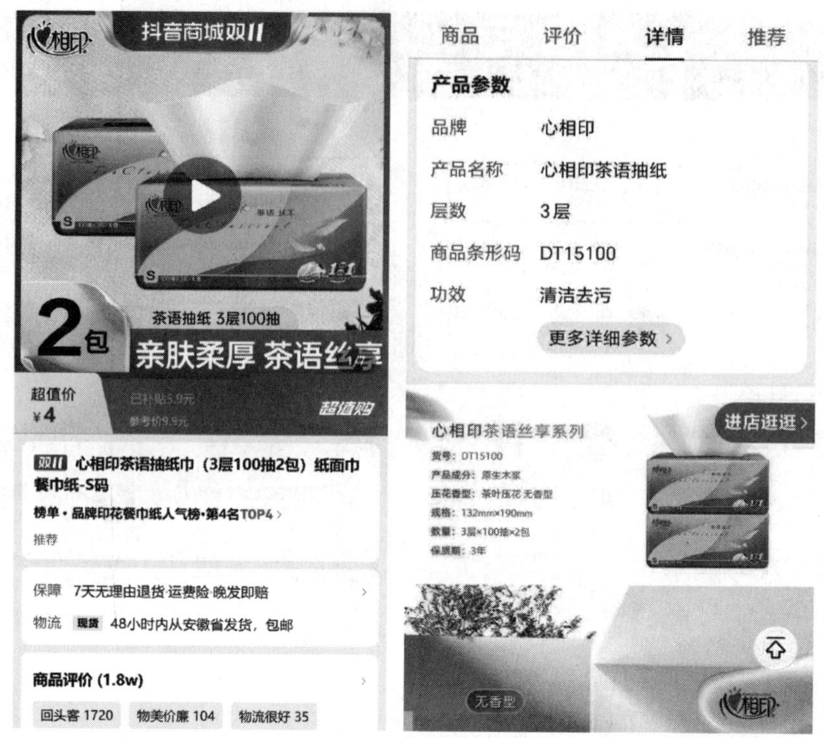

图 3-15　心相印茶语抽纸巾商品基本信息

第四步，为了进一步洞察商品未来的市场走势，在图 3-14 的界面中点击“商品热度分析”，即出现心相印茶语抽纸巾的年销售量趋势图，如图 3-16 所示。由图 3-16 可知，该商品正处于高销量增长阶段，预示其未来市场持续向好。

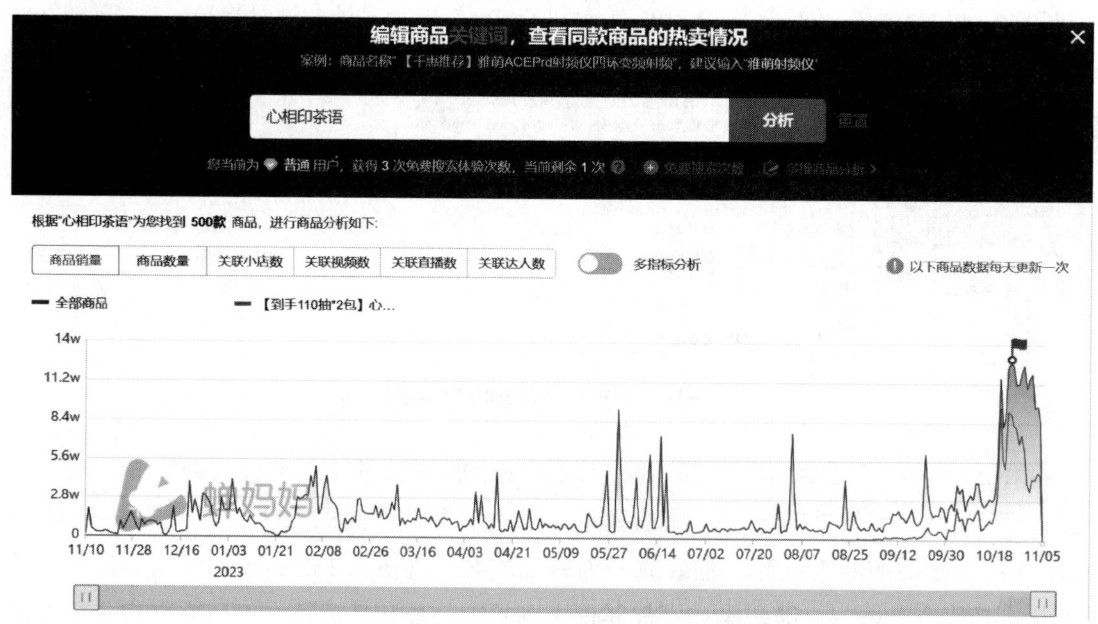

图 3-16　心相印茶语抽纸巾年销售趋势

第五步，在上述分析基础上，通过淘宝分销平台找到心相印纸巾的官方供货商，找到心相印茶语抽纸巾这款商品，并将其成功上架到自己的手机淘宝店铺中。

在后续的运营中，商家将会根据产品定位开展多样的营销活动，进行爆款产品打造，并随着销售量的不断攀升，逐步塑造出自己的品牌形象。

互联网平台选品工具的使用，为商家选品提供了有力保障，大大提高了选品的工作效率。

实例演练

某职业学院电商专业的张明同学打算开一家淘宝网店。因为学校毗邻箱包批发市场，所以他决定经营箱包产品。为了更好地了解市场，张明决定对箱包行业进行深入的产品分析。

首先查看箱包类目的行业细分产品，通过百度指数对比分析同一类目下不同款式的产品，了解市场行情趋势。

步骤一，通过百度指数对比分析手提包、双肩包、单肩包，了解市场搜索指数趋势，如图 3–17 所示。

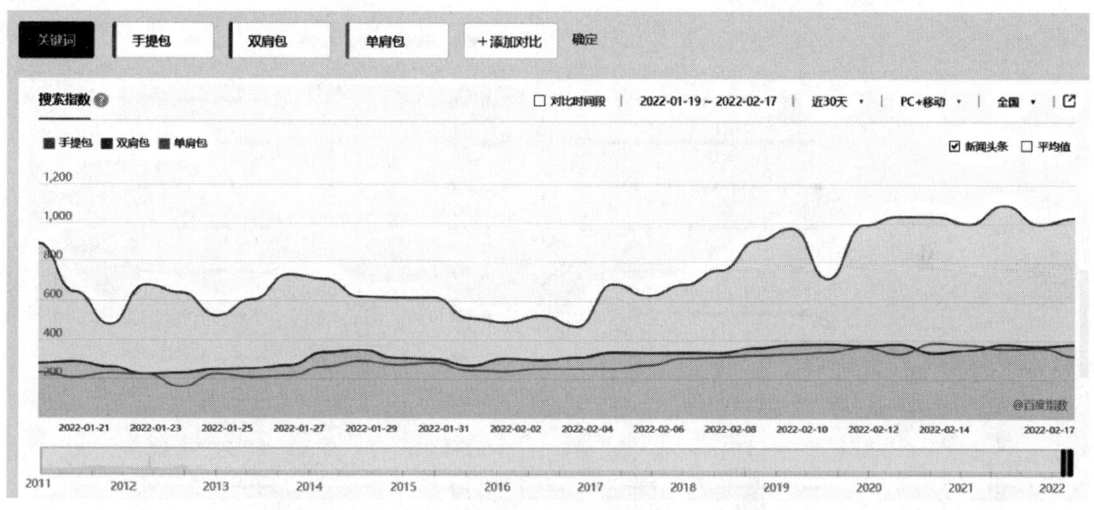

图 3–17　手提包、双肩包、单肩包的搜索指数趋势

通过搜索指数概览，可以清晰地了解自 2022 年 1 月 19 日至 2 月 17 日近 30 天的搜索指数和同期的变化情况，整体搜索频次呈上升趋势，手提包搜索频次明显高于双肩包和单肩包，即整体环比增长 22%，手提包最近 7 天的搜索指数整体同比上升 220%，如图 3–18 所示。通过分析搜索指数趋势的变化，可以对未来一段时间的市场行情做出判断。

搜索指数概览

关键词	整体日均值	移动日均值	整体同比	整体环比	移动同比	移动环比
■ 手提包	990	828	220% ↑	22% ↑	255% ↑	22% ↑
■ 双肩包	366	202	12% ↑	2% ↑	-14% ↓	1% ↑
■ 单肩包	349	224	45% ↑	8% ↑	34% ↑	9% ↑

图 3-18　手提包、双肩包、单肩包的搜索指数概览

步骤二，进行人群画像。

如果需要进一步了解搜索手提包的都是哪些人，初步预测客户，可使用百度指数的人群画像。百度指数人群画像可以对搜索人群的地域分布、人群属性做出精准的数据统计与分析，方便商家更准确地了解该产品的客户群体特性。

（1）地域分布

搜索手提包的客户地域分布结果显示，广东、山东、江苏、河南、河北等地区的客户近 30 日对手提包的关注度较高。另外，该功能还可以针对区域或城市进行排名分析，如图 3-19 所示。

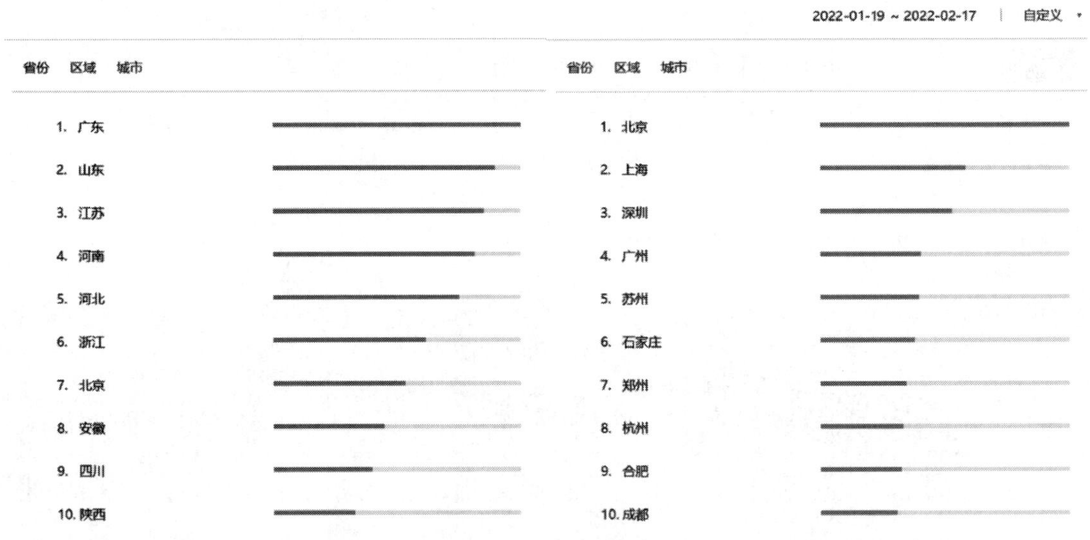

2022-01-19 ~ 2022-02-17　|　自定义

省份　区域　城市	省份　区域　城市
1. 广东	1. 北京
2. 山东	2. 上海
3. 江苏	3. 深圳
4. 河南	4. 广州
5. 河北	5. 苏州
6. 浙江	6. 石家庄
7. 北京	7. 郑州
8. 安徽	8. 杭州
9. 四川	9. 合肥
10. 陕西	10. 成都

图 3-19　客户地域分布

（2）人群属性

搜索手提包的人群属性如图 3-20 所示。以年龄为维度进行分析，搜索手提包的客户年龄主要集中在 30～39 岁，30～39 岁人群占 48%。以性别为维度进行分析，搜索手提包的客户中女性占 61%。

人群属性　2022-01-01—2022-01-31

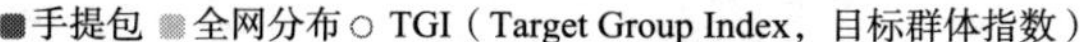

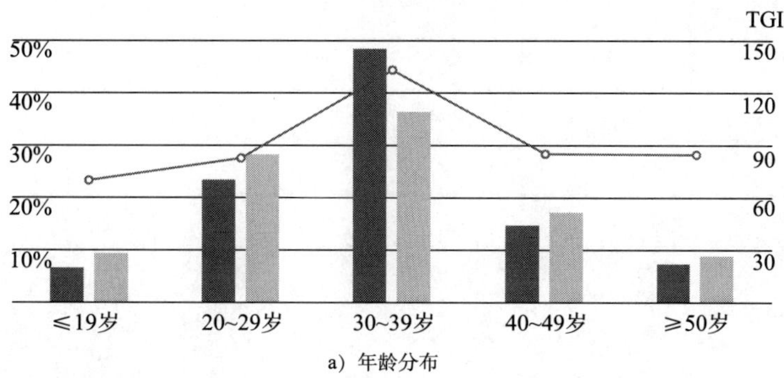

a）年龄分布

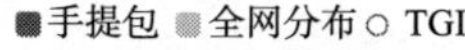

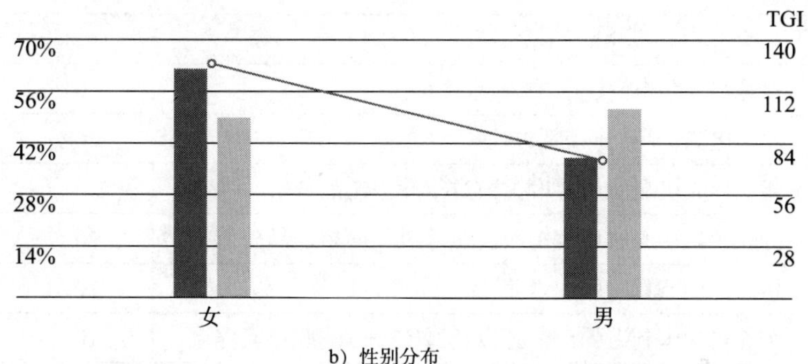

b）性别分布

图 3–20　人群属性

综合以上两项数据指标分析，确立店铺在手提包的风格特色、功能作用、价格定位方面都应重点考虑 30～39 岁女性客户的需求和消费特点。

拓展训练

根据上述百度指数数据，请同学们帮助张明进行店铺箱包产品定位分析，包括产品定位、价格定位、人群定位、店铺风格定位等，从而确定所要经营的产品，并进行上架产品描述。

一、店铺定位

1. 产品定位

____

____

2. 价格定位

____

3. 人群定位

4. 店铺风格定位

二、上架产品描述

学习评价

完成本学习单元的学习后，请根据表 3-1 所示评价标准对学习质量进行评价。

表 3-1　学习质量评价标准

评价类别	评价内容	分值	得分
知识	熟悉选品和电商选品的概念	20 分	
	熟悉电商选品的原则和方法	20 分	
技能	能在计算机端使用百度指数进行简单选品分析	20 分	
	能在手机端通过百度指数公众号进行简单选品分析	20 分	
素养	培养严谨认真的职业素养	10 分	
	培养对中国制造的自豪感以及诚实守信的职业素养	10 分	
合计		100 分	

思考与练习

1. 什么是电商选品？电商选品应遵循哪些原则？
2. 电商选品有哪些方法？

知识导图

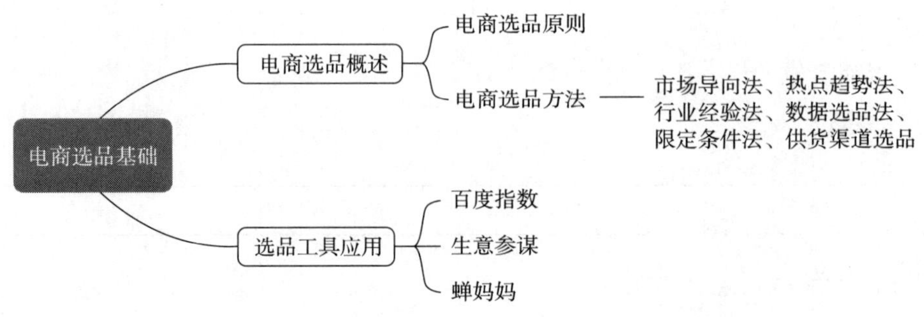

学习单元 2　网店活动主题选品

在网店经营过程中，商家会策划各种促销推广活动，其中根据活动主题选择恰当的产品，进而打造爆品，是提高店铺销量、扩大品牌知名度的重要手段。

一、网店活动主题

1. 网店活动主题的确定

网店活动主题是电商平台或网店为达到某一销售目标而精心设计的活动名称，如“618”“双十一”“开学季”等。这些活动主题具有高辨识度，能吸引大量消费者的关注。不同的活动主题，需要选择不同的促销产品。商家应仔细挑选和策划，确保活动主题与促销产品相得益彰，最大限度地吸引消费者的目光。一个成功的活动主题，可以是一句突出活动核心和亮点的标题式文案。活动的核心是确保活动策划与运营的一致性；而活动亮点是为了便于活动的推广和传播，通过各种创意和特色，吸引更多目标客户关注并参与活动。

确定活动主题有以下三种方式：

一是引起兴趣。利用多种元素激发消费者的好奇心和参与欲望，包括使用免费、0 元等极具诱惑力的词汇，或是与特殊日期、事件、名人效应、情怀、痛点等相关联的概念。

二是说明利益。明确告诉消费者参与活动的益处，包括红包奖励、专属限定福利、新产品体验等元素，让消费者感受到实实在在的优惠和价值。

三是引导行动。通过明确的指令和时间限制，鼓励消费者尽快参与活动，包括使用限量、限时等词汇，或是鼓励社交参与、设置较低的门槛等方式，让消费者更容易接受并参与活动。

2. 电商活动的分级

电商活动一般有 S 级促销、A 级促销和 B 级促销三种分级。

S 级促销是指平台级、行业级的大促活动，如“双十一”和“618”。“双十一”是由淘宝天猫率先发起的促销节日，后来成为整个电商行业的大促活动；而“618”则是京东以店庆为名所做的促销活动，现在也成为电商全行业的重要促销节日。除“双十一”和“618”这两个大促之外，具有一定规模的电商平台，一般都有自己的周年庆或自己平台的 S 级促销。有些平台会把“双十二”、年货节作为 S 级大促，这种大促因不同平台的用户特征和品类特征不同而存在一定的差异。

A 级促销的规模也比较大，通常与重要节日和事件相结合去做促销活动。常见的有年货节、端午节、国庆节、中秋节等节日促销活动，或开学季、降暑节等事件促销活动。

B 级促销的范围相对小一些，更多的是通过专题或垂直品类切入开展促销活动，如火锅节、美妆周等。一些知名品牌会有自己的品牌日、品牌周活动。如果平台会员客户比较多，也可以打造会员专属促销活动。

电商活动级别划分如图 3-21 所示。

S级促销	A级促销	B级促销
平台级、行业级大促，如“双十一”、“618”周年庆/平台大促、黑五、“双十二”	节日、事件大促，如年货节、端午节、国庆节、中秋节大促，开学季、降暑节	专题、品类大促，如火锅节、美妆周、品牌日、品类日、会员日

图 3-21 电商活动级别划分

网店商家一般基于平台活动分级来规划店铺全年活动日历，活动的促销力度要与平台规模相匹配。每一个活动日都需要定好活动主题。因为促销活动一般会产生新的成本费用，所以应关注新增的促销成本所带来的收益，也就是整体的投入产出比。

组织策划大型促销活动通常包含五个部分，即基于活动主题下的目标细化、价格策略、品类商品的统筹、具体方案的制定、推广落地和整体上线运营。每个部分都是围绕活动主题进行的。因此，确定好活动主题至关重要。

二、低价促销选品

低价促销选品是网店采用价格策略进行选品的一种方式。价格策略是指电商平台或网店通过对客户需求量的预估和成本分析，选择一种能吸引客户并实现市场营销组合的策略。在选择产品时，需要对产品进行成本分析，应着重选择那些物流成本比较低、有特色的产品。价格策略的制定要以科学规律的研究为依据，以实践经验判断为手段，在维护生产者和消费者双方经济利益的前提下，以消费者可以接受的价格水平为基准，根据市场变化情况灵活应对，买卖双方共同决策。例如“9 块 9 包邮”的产品，一定是选择商家可以接受的成本、消费者也愿意购买的产品。

在进行低价促销选品时，商家要考虑以下因素：促销目标、确定需求、估算成本、目标客户接收程度等。

1. 低价促销产品特征

低价促销产品具有以下特征：低价质优、生活必需品、便于囤货、能吸引客流、应季且成熟、满足个性化需求等。

2. 低价促销选品原则

（1）选择惊爆产品。该类产品应价格极低，品类限定在 3～5 个、数量有限，品质优良，如纸品、大米、常用家电、家纺等。

（2）选择走量产品。该类产品多为过季清库存产品。商家为了创造销售业绩，常以低价引流。这类产品在很多情况下会低于成本价销售，如服装、取暖设备等。

（3）选择自主品牌产品。该类产品具有较强的自主性，有一定的利润空间，如生活必需品、办公用品等。

三、结合时势选品

结合时势选品是指顺应时代发展潮流，根据国家政策导向进行选品。例如在乡村振兴的大背景下，各地政府纷纷出台政策，推动当地农村电子商务的发展。这为商家提供了难得的机遇，通过电子商务拓宽农产品销售渠道，塑造农产品特色品牌，促进产销精准对接。

农产品选品时，商家应考虑以下因素：

1. 选择保存时间长、供应周期长的农产品

新鲜果蔬类农产品在运输途中容易受损，导致产品质量下降，客户不满意。而干货类农产品损耗低，更耐久。

2. 选择易于存储和运输的农产品

根茎类、干货类农产品运输便利，储存方便，在销售中更具优势。

3. “新、奇、特”的农产品更受欢迎

注重挖掘产品卖点，电商平台上的消费者更倾向于购买“新、奇、特”的产品，如果冻橙、小甘薯等。

4. 选择具有地域特色、不可替代的农产品

具有地域特色的农产品在实体店销售的价格往往较高。而电子商务的直销，可以实现直接从原产地到消费者的过程，降低了成本，具有价格优势，对消费者非常有吸引力。例如，广东增城荔枝、山东长乐冬枣、新疆库尔勒香梨等水果的网上销售价格往往比线下便宜。

此外，网店活动主题选品还需要结合店铺的产品特色，结合实际需要进行，进而打造本店专属爆品。

实例演练

张明打算选择一款适合学生使用的双肩包，作为开学季店铺活动的引流款产品。具体操作如下：

1. 由于目标客户是学生群体，经分析，开学季店铺促销选品应满足以下条件：

（1）考虑到学生的购买力，价格超低产品将更具吸引力。

（2）要确保产品质量优良，耐用性好。

（3）产品设计应包含时尚元素，颜色选择上应兼顾男生和女生。

2. 根据确定的选品条件，打开店铺首页，查看所有双肩包产品，如图 3-22 所示。

图 3-22　店铺双肩包产品

同时与生产厂家沟通，获得价格支持，最终选定一款超低价（3.7 折）时尚双肩包作为引流款产品，如图 3-23 所示。此包有四种颜色，既有适合男生的，也有适合女生的。帆布制品比较耐用，时尚配饰深受学生们的喜欢。

图 3-23　超低价时尚双肩包作为引流款产品

最后店铺推出了全场学生包 3.7～4 折的优惠活动。

拓展训练

请同学们登录淘宝网或京东商城，选择一款网店促销双肩包单品，分析商家选品理由。

1. 产品特点

2. 适合群体

3. 价格定位

4. 市场供应量

5. 利润空间

学习评价

完成本学习单元的学习后，请根据表 3–2 所示评价标准对学习质量进行评价。

表 3–2　学习质量评价标准

评价类别	评价内容	分值	得分
知识	熟悉电商活动的分级	20 分	
	熟悉网店活动主题的确定方法	20 分	
技能	能进行店铺低价促销选品	20 分	
	能结合当地政策进行农产品选品	20 分	
素养	培养对中国制造的自豪感	10 分	
	培养诚实守信的职业素养	10 分	
合计		100 分	

思考与练习

1. 确定网店活动主题的方式有哪些？
2. 简述电商活动的分级。
3. 目前网店使用较多的选品方法有哪些？分析其优缺点。

知识导图

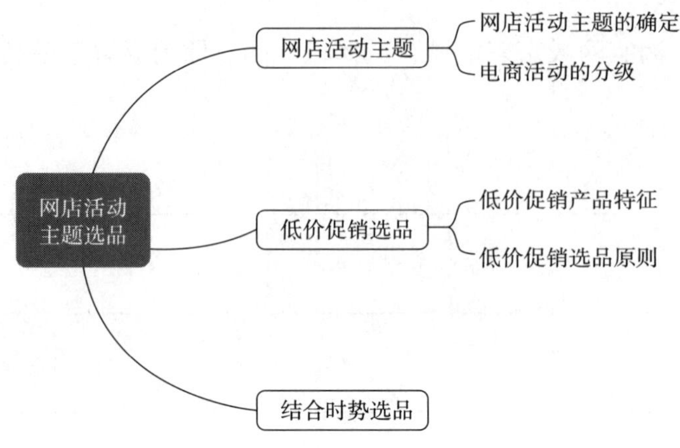

学习单元 3　电商爆品

一、如何打造电商爆品

电商爆品是在互联网平台上能迅速引爆互联网市场，吸引网络消费者争相购买的商品。电商爆品具有极高的口碑和影响力，能够为网店商家带来可观的销售额和利润。

1. 电商爆品的标准

要成为电商爆品，需要符合一定的标准，如图 3–24 所示。这些标准包括：供应链稳定、毛利率高、产品处于市场上升期、竞争系数低、市场体量大、有价格优势、销售周期长。电商爆品的供应链必须稳定。商家在进行促销活动策划前，需要得到厂家、物流公司等供应链环节的大力支持，以确保货源充足、物流通畅。所选爆品必须处在该产品生命周期的成长期，其一旦成为爆品，便可以有较长的销售周期，还能迅速占领市

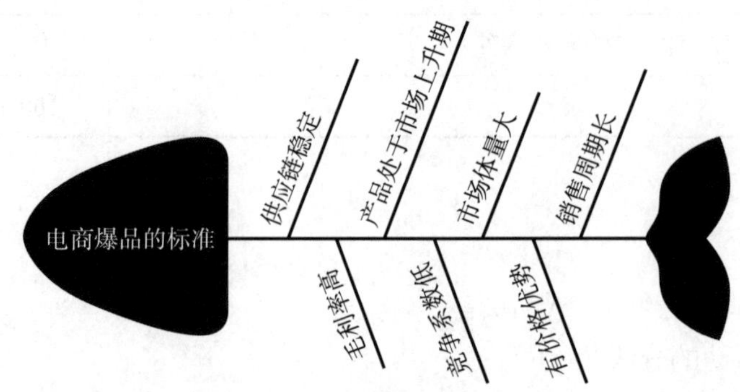

图 3–24　电商爆品的标准

场，提高竞争力。

2. 打造电商爆品的条件

电商爆品备受用户的关注，能为企业带来丰厚的利润和充足的现金流。要成功打造电商爆品，需要满足以下四大基本条件：足够创新，能抓住消费者痛点，把握好时机，口碑好且传播广，如图 3–25 所示。

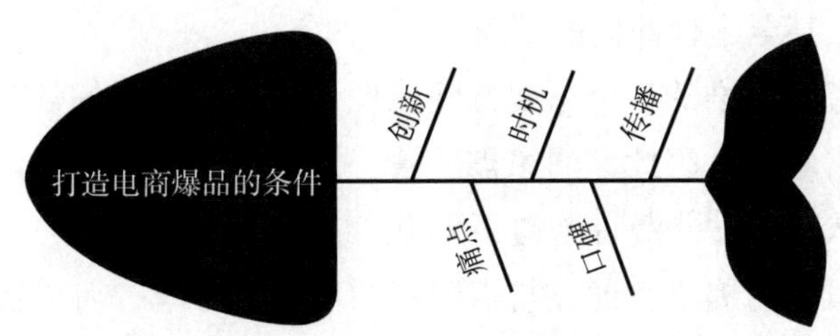

图 3–25　打造电商爆品的条件

（1）足够创新

创新是电商爆品的基石。只有具备足够多的创新元素，才可能引起市场的广泛关注。产品创新要着眼于消费者尚未被满足的需求，甚至是一些他们自己都尚未意识到的需求，让消费者获得超值体验。

这里的创新不仅指技术上的创新，也可以是产品组合创新。正如克里斯坦森所说，通过拆解市场上供给侧、需求侧、连接侧的不同要素，寻找十倍速变化的要素，再根据自身对市场未来的预测对要素进行重新组合，做出一款新的产品。通常情况下，商家在经营网店时，应不断收集消费者对现有产品的需求反馈，向厂家提出产品在设计和功能上的改造或组合。

（2）能抓住消费者痛点

爆品之所以能引爆市场，让消费者追捧，很大程度上是因为它准确捕捉到消费者隐藏的痛点，并且呈现一个解决痛点的使用场景。这样的产品会让消费者觉得爆品正是他们所需要的，能带来明显的价值。

（3）把握好时机

时机的选择对于电商爆品的成功至关重要。要把握好时机需要商家具备敏锐的观察力。商家需要预判推出爆品所属行业和品类的发展阶段，选择在市场发展早期、快速增长期出击，这将增加爆品成功率。

（4）口碑好且传播广

社交媒体和口碑传播在电商爆品推广中扮演着重要角色。首先产品本身应优质。其次要让消费者主动为产品传播，设计好传播点和传播路径。通过消费者的社交链式反应，使产品能够在社交平台引起广泛的传播和关注，最终引爆市场，形成爆品。

二、电商爆品思维

电商爆品思维是一种以消费者为中心的思维方式，其核心在于抓住消费者的痛点，通过提供超越期望的产品体验，赢得消费者的认可和口碑。

在设计之初，要深入了解目标消费者的需求和心理，从消费者的角度出发，细心研究他们的痛点。通过与消费者的互动和分享，不断优化产品设计和功能，确保产品能够满足消费者的期望，甚至超越他们的期望。

高颜值是电商爆品思维的一个重要方面。现今时代，产品的外观和包装已经成为吸引消费者的重要因素之一。因此，商家需要精心设计产品的外观和包装，使其更为人性化，更富有美感，从而激发消费者的购买欲望。

在保障产品质量的前提下，通过与消费者的互动和分享，可以提高消费者的忠诚度和参与度。这种互动可以包括社交媒体上的分享、客户评价和产品推荐等。通过这些方式，商家可以与消费者建立更加紧密的联系，提高消费者对品牌的认知度和信任度。

电商爆品思维的背后是品牌思维。通过打造爆品，商家可以树立自己的品牌形象，提高品牌知名度和美誉度。一个成功的爆品可以吸引更多的消费者关注和购买，进而形成口碑传播，使品牌成为消费者追求的必需品。

三、电商爆品案例分析

2021 年 9 月，某电器专营店在抖音平台推出新品——小博士电话手表，成功将新品打造为爆品。抖音电商数据显示，小博士电话手表凭借一系列营销手段，上市后单月商品交易总额突破 1 200 万元。

这一成功案例背后，是商家对市场机遇的敏锐把握和精心策划的营销组合。在挑选主推产品时，商家以消费者需求为核心，选择了小博士电话手表。这款产品在抖音电商平台销售初期，就与消费者形成了高频互动，展现了成为爆品的潜质。

为了实现产品销量的持续增长，商家将营销过程分为冷启动、爆发期和稳定期三个阶段，每个阶段都有明确的营销目标。

在冷启动阶段，商家通过优化产品包装和定制化内容，频繁与消费者互动，深入了解消费者需求。在直播间进行流量蓄水，为后续的销量爆发打下了良好基础。为了增强与消费者的互动和黏性。商家特意在抖音平台品牌官方账号发布了符合送礼场景的创意内容，并结合抖音平台用户兴趣偏好，增加营销素材的潮酷属性。

进入爆发期时，商家在抖音电商平台进行了更精细化的运营和集中曝光，通过借势达人矩阵入场、品牌直播间流量承接以及合作平台超级新品 IP 扩流三步走策略，快速实现销量攀升，将新品成功打造成爆品。

在稳定期，商家借助抖音平台广阔的公域流量基石，不断在“抖音超级新品”活动专属入口提供定向达人撮合服务，为小博士电话手表拓宽销路。同时，“抖音超级新品”发起的营销宣发活动帮助品牌在声量上实现了一加一大于二的效果。在抖音站内、微博、微信等社交平台联合抖音电商官方自媒体矩阵合力进行活动推广，助力新品最大化曝光。

综上所述，打造爆品需要多方面的努力和精准的策略。选择具有潜力的产品是关键，而通过合理规划营销阶段，精细化运营和广泛宣传推广，能够有效地推动产品销售并建立品牌影响力。

实例演练

张明的网店经过一段时间经营后有了一定的销量。在“双十一”购物活动即将来临之际，他想为店铺策划“双十一”促销活动，打造本店爆品。

一、爆品选择

1. 查看售出箱包的客户评价，如图 3-26 所示。从客户评价中分析总结消费者的需求点：箱包轻便、容量大、款式好看、材质好等信息。整理出本店具备以上特点，并且在以往的客户评价中无差评记录的产品。

x***4
包包很轻便，容量很大，可以装很多东西，挺满意的。
2023年02月24日 00:35　颜色分类：黑色　有用 (0)

春***!
质量很不错容量很大款式设计好看非常喜欢
2023年02月18日 06:49　颜色分类：黑色　有用 (0)

v***x
买来送给朋友的，朋友很喜欢
2023年02月25日 00:15　颜色分类：灰色　有用 (0)

g***6
容量大，质量很好
2023年02月17日 12:52　颜色分类：灰色　有用 (0)

改***5
材质很好，很漂亮
2022年12月31日 19:20　颜色分类：黑色　有用 (0)

图 3-26　售出箱包的客户评价

2. 收集同行同款宝贝的客户反馈信息，如图 3-27 所示。分析销量好的竞品的客户评价得到信息：材质防水、容量大、功能区分、百搭。

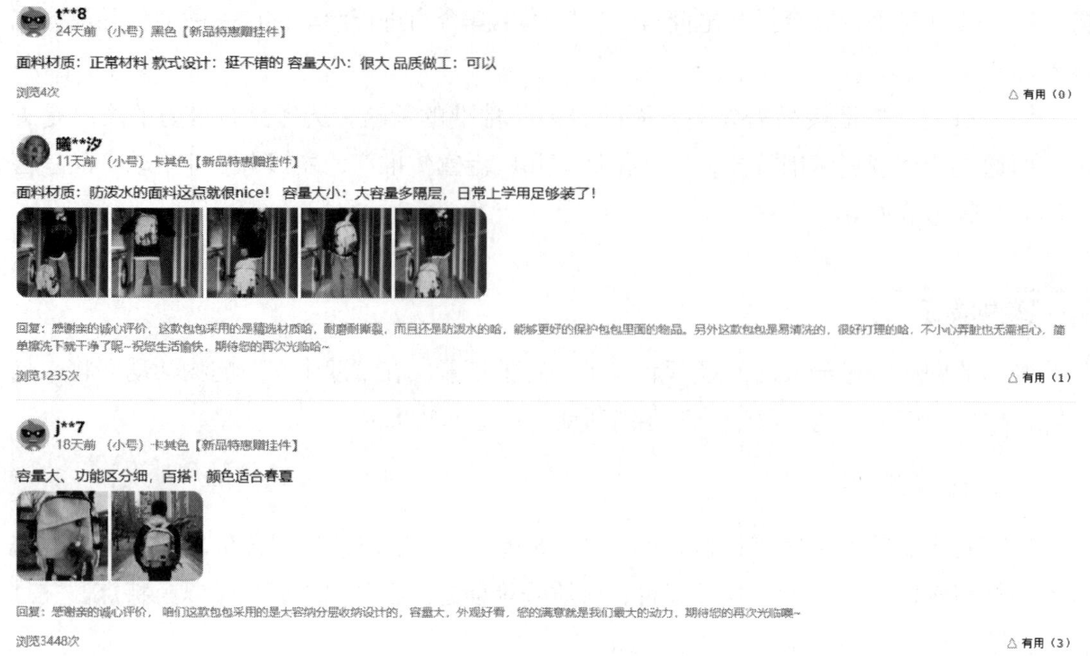

图 3-27 同行同款宝贝的客户反馈信息

综合上述信息，本店铺的爆品应该具备款式新颖，满足轻便需求、容量大，功能区分明确，适合百搭的特点。

二、与供应商沟通获得支持

登录 1688 平台首页，输入“双肩包”关键词，如图 3-28 所示。平台商家较多，需要耐心筛选洽谈，选择爆品供应商。

图 3-28 “双肩包”搜索结果

另外，也可以借助线下批发市场，了解当下的流行趋势，为爆品增加时尚元素。

经过对商家提供的产品实物比较，最终选择图 3-29 所示爆品样板。

图 3-29　爆品样板

拓展训练

阅读下面的案例，请同学们讨论分析飞科采取了哪些措施，成功将小飞碟按摩仪打造成为爆品？

飞科打造爆品的秘诀

飞科在打造爆品的过程中，采取了以消费者为核心的选品策略。他们密切关注抖音电商平台上消费者互动频繁的产品，从中挖掘出具有爆品潜质的产品——小飞碟按摩仪。

为了成功地推广小飞碟按摩仪，飞科将其营销过程分为冷启动、爆发期和稳定期三个阶段，并为每个阶段设定了明确的营销目标，通过持续推进提高商品的销量。

在冷启动阶段，飞科主要通过优化产品包装和定制化内容来吸引消费者。他们发现，小飞碟按摩仪吸引了一批有送礼需求的女性用户，她们对价格并不敏感，而是更注重产品的仪式感和精致感。因此，飞科将精致与潮酷作为关键词，对产品包装进行了升级，并在抖音平台的品牌官方账号上发布了符合送礼场景的创意内容。此外，他们还结合抖音平台用户兴趣偏好，增加了营销素材的潮酷属性。

进入爆发期后，飞科在抖音电商平台上进行了更精细化的运营和集中曝光。他们采取了三步走的策略：借助达人矩阵扩大品牌影响力，在品牌直播间承接流量，与平台超级新品 IP 合作扩流。通过这些措施，迅速提高了产品销量，成功打响了小飞碟按摩仪的知名度。

在稳定期，飞科注重品牌官方账号的运营，以私域沉淀为目标。他们通过沉浸式的体验场景和专业话术，积极为尚未下单购买的消费者答疑解惑，以获取更大的转化量。这种策略有助于巩固客户关系，进一步提升品牌忠诚度。

学习评价

完成本学习单元的学习后，根据表 3-3 所示评价标准对学习质量进行评价。

表 3-3 学习质量评价标准

评价类别	评价内容	分值	得分
知识	熟悉打造电商爆品的条件	20 分	
	熟悉电商爆品思维	20 分	
技能	能完成店铺爆品选择	20 分	
	能根据电商爆品思维进行电商爆品分析	20 分	
素养	培养对中国制造的自豪感	10 分	
	培养严谨认真的态度	10 分	
合计		100 分	

思考与练习

1. 电商爆品应符合哪些标准？

2. 打造电商爆品应满足哪些条件？

3. 请同学们登录淘宝网或京东商城，选择一款电商爆品，根据所学的电商爆品思维，分析该电商爆品具备哪些爆品特质。

知识导图

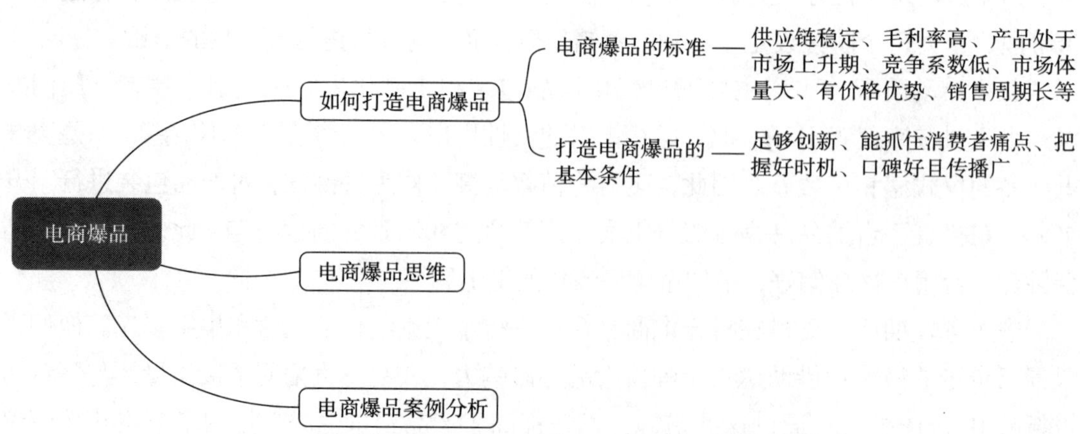

项目四 电商产品采购与供应链管理

导语

采购管理是指对采购业务进行组织、实施与控制的过程。在市场竞争越来越激烈的情况下，企业之间的竞争实际上就是供应链之间的竞争。为了有效地进行生产和销售，企业需要与大批供应商开展良好的协调与配合。只有把供应商组织起来，建立起完整的供应链系统，才能形成友好的、协作的采购环境，从而保证采购、供应工作高效顺利进行。

学习目标

知识目标

（1）熟悉采购成本的构成

（2）熟悉采购合同的主要内容

（3）熟悉企业采购实施的内容和要求，熟悉企业采购方法

（4）熟悉影响供应商选择的因素，了解供应链管理的内容和目标

技能目标

（1）能进行采购磋商，能读懂采购合同，并完成简单采购合同的制定

（2）能运用 ABC 分类法进行采购策略制定

（3）能对供应商进行评估

素养目标

（1）培养学生爱岗敬业、协同合作的职业素养

（2）培养学生成本意识

学习单元 1　认识采购成本

采购是供应链管理中非常重要的环节。据统计，我国工业企业中，各种物料的采购成本高达企业销售成本的 70%。

一、采购成本的构成

采购成本是指企业在产品采购过程中发生的进货费用，包括产品采购时发生的包装费、运输费、装卸费、保险费；运输中的仓储费、运输中的合理损耗；产品入库前的挑选整理费用，以及应计入产品采购成本的各项税金等。

采购的基本流程可以划分为制订采购计划、实施采购行为、监督采购过程、跟踪厂家生产情况、提货、验货、产品入库、仓储保管、出库配送、供销结算等，如图 4–1 所示。

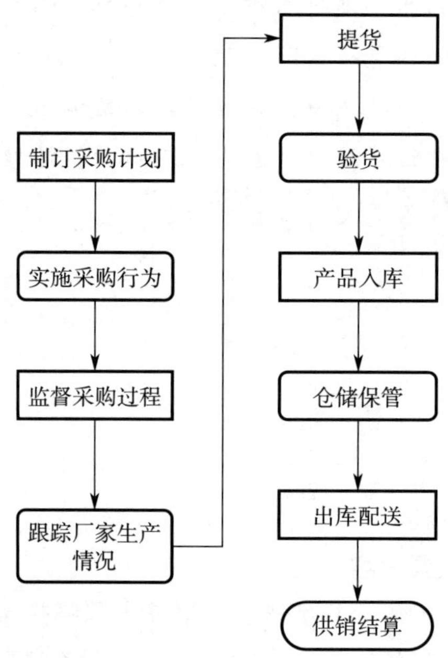

图 4–1　采购流程

在采购流程中，有些采购成本是看得见的，是比较容易分析出来或者可以直接从财务报表中得出的成本，这类成本称为显性成本；有些采购成本则是看不见的，是较难分析出来或易被忽略的，这类成本称为隐性成本。

二、显性采购成本

1. 采购计划编制成本

准确的采购计划能够精准地预测和把控企业的生产计划，使企业在满足产品生产需求的前提下，最大限度地降低采购资金的占用，同时还能对供应市场进行全面的分析，调整订单计划，评估和选择供应商。采购计划的编制是整个采购流程的首要环节，它的支出也被称为采购计划编制成本。

2. 原材料、半成品或成品成本

原材料、半成品或成品的成本是指物资购进的价格。影响采购物资价格的原因有很多，包括产品市场价格、产品质量、市场供求关系等。

3. 采购管理成本

采购业务行为过程中所发生的费用就是采购管理成本。它包括人力成本、招标成本、建设成本、招待费、办公费、差旅费等。

4. 运输成本

采购物资的运输会产生一定的费用，这就是运输成本。选择一种科学、经济、合理的运输方式会给企业节约一大笔费用。具有一定规模和实力的企业更应该重视运输环节，实现采购流程的标准化、专业化，选择合适的运输工具，规划合理的运输路线，从而节省运费、降低采购成本。

5. 验收成本

采购回来的原材料、半成品或成品都需要经过检验后才能入库。为防止不符合合同协议或质量不合格的原材料、半成品或成品入库，一定要严把物资的入库检验关。如果直到入库后才发现质量不合格、有破损、数量短缺甚至是出现品种错误，企业不仅将面临由此而引发的退换货费用，还要搭上时间成本，并可能面临由于原材料或半成品缺货而导致生产线停止运行，造成成本的进一步增加。

6. 仓储成本

仓储成本指的是物资在库存过程中所产生的费用。一方面，货品要存放得当，进行分类管理，一些特殊性质的货品（如易破损、易变质的产品）的存储环境要重点关注。另一方面，还要建立健全库存档案，及时对库存货品进行盘点。若是产生库存积压，也会增加仓储成本。所以，科学合理地进行仓储管理是降低仓储成本的有效手段。

三、隐性采购成本

1. 时间成本

时间成本是指为响应消费者需求而导致产品采购时间过长所产生的成本。当电商企业面临个性化需求（如私人订制等）时，时间成本往往相应增加。要考量时间成本，必须考虑多个方面：采购周期、供应商的响应时间、采购人员投入的时间、采购流程所需时间以及交货时间等。只有通过优化供应链管理、强化与供应商的合作关系，并依托高效的信息化管理平台，才能有效降低采购环节中的时间成本，进而提升采购效率和整体运营效益。

2. 缺货成本

缺货成本是指由于存货耗尽或供货中断等原因而不能满足企业正常生产经营需要而造成的损失。这部分成本在财务报表中是无法体现的，但是一旦发生缺货，不仅会给企业带来相当大的经济损失，而且对企业的声誉也会造成较大的负面影响。

3. 库存积压成本

相对于缺货成本，库存积压成本则是由于库存产品过多而导致积压所带来的成本。库存积压不仅使运输、仓储费用明显增加，而且还占用了企业的流动资金。同时，在仓储过程中，还可能出现由于保管不当等因素而产生的产品损耗。由此可见，库存积压成本高将不利于企业的发展。

此外，还有一些容易被忽视的成本，如技术支持和培训成本。在电商采购中，采购管理系统或软件工具的应用越来越广泛，而这些工具的部署、维护和升级都需要技术支持，并且员工也需要接受培训才能熟悉并掌握这些系统的操作，这无疑会增加企业的培训和教育成本。采购活动中发生的显性成本和隐性成本的总和称为所有权总成本。

在进行采购业务时，要从所有权总成本出发，根据不同物料区分采购成本侧重点，分析影响采购成本的因素，制订针对性的采购计划和策略，实现采购成本最优化的目标。

实例演练

王强开办了一家网店。该网店的进货渠道主要有两个，一是从线下批发市场采购，二是通过阿里巴巴采购批发网（1688.com）的“一件代发”方式采购。该网既解决供货，又提供代发货服务，还增加了店铺货品。现结合所学知识，对店铺采购成本进行分析，分析情况见表 4–1。

表 4–1　　王强网店采购成本分析

项目 名称	显性采购成本					隐性采购成本				
	交通费	进货成本	物流成本	验收成本	仓储成本	时间成本	缺货成本	库存积压成本	折旧成本	电话沟通成本
线下批发市场采购	有	较高（与购货数量有关）	有	有	有	有	补货快	有	有	有
阿里巴巴采购批发网（1688.com）的“一件代发”采购	无	较低（与购货数量有关）	无	无	无	有	补货不可控	无	有	有

通过对线上线下的采购渠道分析可以看出：线下批发市场采购和线上阿里巴巴采购批发网（1688.com）“一件代发”的采购方式各有优缺点。若网店日常销售中单品销量不高，且线上供货商供货品质有保障情况下，可以以线上1688平台的“一件代发”采购方式为主，线下采购为辅；若店铺开展主题促销活动，商品需求量较大，则要以线下批发市场选品为主，线上“一件代发”为辅，并采购一定量的存货，保证充足的货源。

拓展训练

根据所学的采购成本知识，请同学们分析网店“一件代发”模式，在采购过程中具有哪些优缺点。

1. 优点

____

____

____

2. 缺点

____

____

____

____

学习评价

完成本学习单元的学习后，请根据表4-2所示评价标准对学习质量进行评价。

表4-2　学习质量评价标准

评价类别	评价内容	分值	得分
知识	熟悉采购成本的构成	20分	
	熟悉显性采购成本和隐性采购成本的内容	20分	
技能	能分析网店的采购成本构成	20分	
	能分析网店采购渠道的优缺点	20分	
素养	培养自主学习能力和协同合作职业素养	10分	
	培养成本意识	10分	
合计		100分	

思考与练习

1. 简述采购成本的构成。
2. 根据本学习单元所学的采购成本知识，分析农产品采购成本的构成。

3. 在采购流程中，哪些是显性采购成本？哪些是隐性采购成本？

知识导图

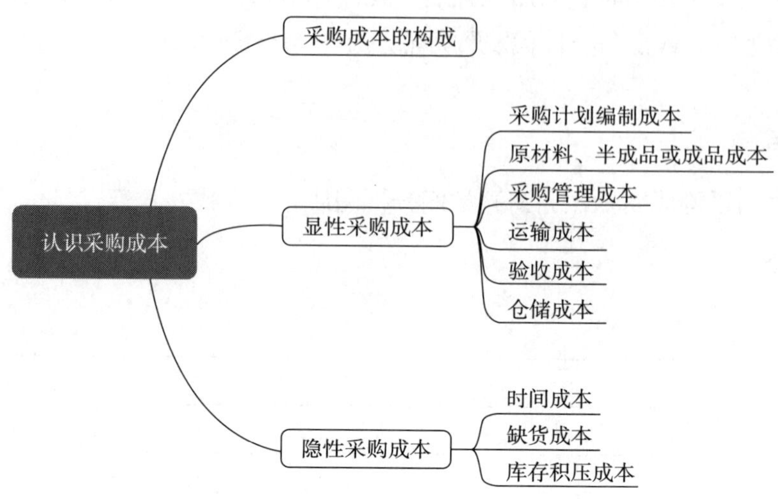

学习单元 2　采购实施

一、采购前的准备工作

对采购商而言，采购前的准备过程就是向供应商进行宣传和获取产品或服务有效信息的过程。在互联网环境下，这一过程已较传统的采购方式发生了深刻的变化。供应商会主动地把自己产品或服务的信息，如产品价格、质量、企业状况、技术支持等发布到网上，采购商可随时上网查询，了解自己所需要的产品或服务的信息。

在网络环境中，供需信息的交流主要通过登录和浏览对方的网站和主页获取，这种方式的速度和效率是传统方式所无法比拟的。采购商在采购前主要是获取供应商的产品价格和质量方面的信息。而价格在很大程度上影响着采购进程。通常，只有在对价格满意的情况下，采购商才会对供应商层面、市场层面和谈判筹码层面收集相关资料，为采购谈判做准备。需收集的具体资料如图 4–2 所示。

采购前期的准备工作非常重要，需从资金、技术、生产、市场等多方面对采购项目进行综合分析，包括预算、需求、生产、市场、风险评估等。在收集、整理对方信息时，力求信息的准确性、详尽性、全面性。由于价格是谈判的核心要素，对买卖双方均至关重要，因此，在谈判前期的准备过程中，采购方应对将要洽谈产品的价格走势有清晰的认知，并充分了解谈判对手的商业信息。同时，要明确谈判对手的地位，切勿因技术优势或过往经验而轻视对手。如果未做好信息收集工作就盲目进行谈判，往往会陷于

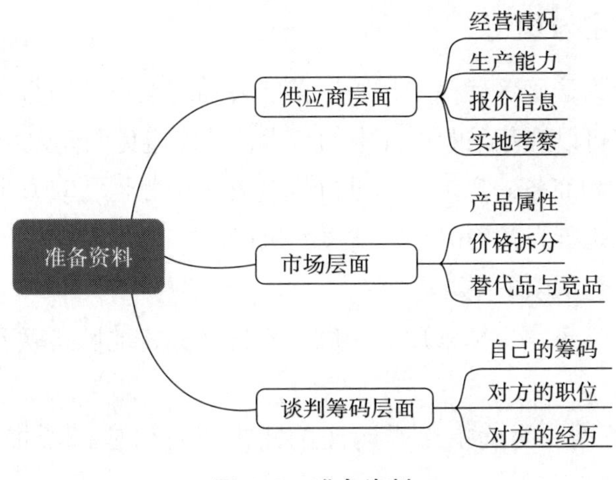

图 4–2　准备资料

被动，进而丧失谈判的主动权。

二、采购中供需双方的磋商

磋商是采购中供需双方对报价和交易条件进行反复协商的过程。这一阶段是采购谈判的实质性阶段。磋商开始之初，双方应首先认清分歧的存在和原因。

在网络环境下，传统采购磋商的单据交换已经演变为记录、文件或报文在网络的传输过程。各种网络工具和专用数据交换协议自动地保证了网络传输数据的准确性和安全可靠性。一旦企业确定了理想的供应商，并确保对方能提供最佳的产品质量、最合理的价格及优质服务，就可以通过网络与其进行磋商和谈判。

其间，各种商贸单据、文件，如价目表、报价表、询盘、发盘、订单、订单应答、订单变更要求等都以标准的报文形式出现，这有助于减少漏洞和失误，使整个采购过程更加规范。

基本的采购磋商流程如图 4–3 所示。

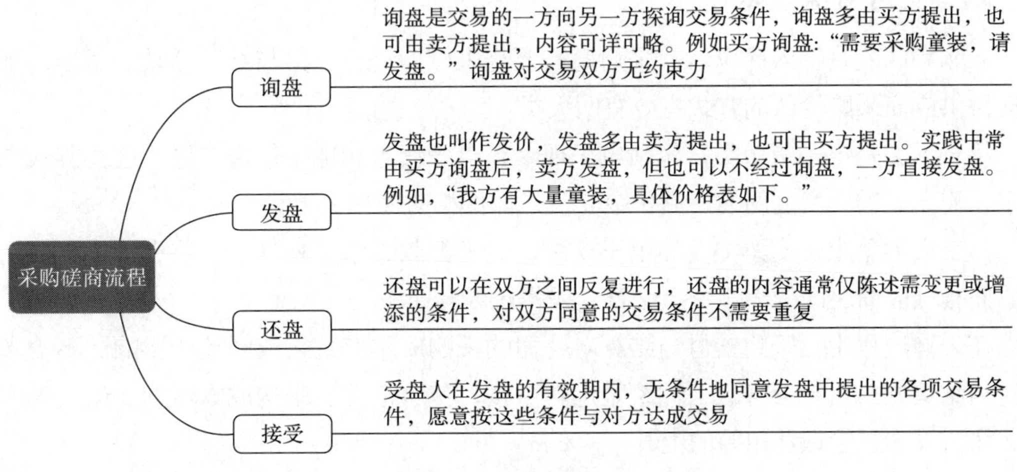

图 4–3　采购磋商流程

三、合同的制定与执行

在完成磋商后，为了确保磋商结果得以落实并监督双方的履行，供需双方必须签订采购合同。这样不仅可以规范采购过程中的行为，还能避免因无效合同引发经济纠纷。

得益于网络协议和商务信息工具的准确性及安全可靠性，双方也可以依据这些磋商文件来约束自身的采购行为并确保磋商结果的执行。

网络采购合同应包括以下主要内容：

1. 合同双方基本信息。包括采购商和供应商的名称、地址、联系方式等。这是所有合同的基本要素。

2. 合同目的和范围。明确指出采购商的需求以及供应商所提供的产品或服务的范围。

3. 产品或服务规格。这是采购合同的核心条款，详细描述双方约定的产品或服务的规格、质量要求、数量等。

4. 价格和支付。包括产品或服务的价格、支付方式、付款期限、发票要求等。这是交易中至关重要的内容。

5. 交付和验收。约定供应商的交货时间和方式，以及采购商的验收标准和流程等。

6. 保修和售后服务。约定产品的保修期限、保修范围以及售后服务要求等。

7. 条件条款及违约责任。明确双方的权利和义务，以及在违约情况下的责任和赔偿方式等。

8. 保密条款。对合作过程中涉及的商业机密或敏感信息进行保密约定。

9. 争议解决。规定双方在合同履行过程中出现争议时的解决方式，如仲裁或诉讼等。

10. 合同生效和终止。规定合同的生效条件、终止条件以及提前解除合同的程序和通知期限等。

四、支付与结算环节

采购完成、货物入库以后，采购商需要与供应商进行支付与结算活动。目前，采购商支付供应商采购价款的方式主要有两大类。

第一大类是电子货币类，包括电子现金、电子钱包和电子信用卡等。这类方式主要用于采购商与供应商之间的小额资金支付，操作相对简单。

第二大类是电子支票类，如电子支票、电子汇款、电子划款等。这类方式主要用于采购商与供应商之间的大额资金结算，操作比较复杂。

在采购过程中，采购支付与结算对公司的采购成本有直接或间接的影响。不恰当的支付与结算方式可能会导致公司资金运转不畅、资金浪费、采购成本增加，造成生产成本、物流成本、管理费用等的上升。

因此，为了降低采购成本，增加收益，公司必须严格控制采购支付与结算方式和流程。

1. 支付与结算方式

支付与结算有多种方式，企业需根据采购的具体情况，与供应商协商确定。常见的支付与结算方式包括：预付部分款项、货到一次性现金支付、货到票据支付、货到后分期付款、货到延期付款等。为了增加灵活性，有时也会使用多种支付方式。

2. 支付与结算流程

为了确保采购支付与结算的高效和准确，公司必须制定明确的支付与结算流程。具体操作流程如下：

（1）物品验收。采购物品运抵仓库后，由仓库管理员会同采购部和质检部人员进行验收。

（2）入库核对确认。采购专员与仓库管理员需将物品与采购合同、发货单等进行核对。确认无误后，填写验收单。

（3）质检。质检人员对物品进行入库质检，经质检合格后，由质检人员在验收单上签字。验收单一式三联，仓库、采购部和财务部各执一联。

（4）核对采购情况。采购部将验收单与采购合同的副本、供应商发票、银行结算凭证进行核对，以确认采购业务的完成情况。

（5）财务审批。财务部再次将验收单与采购合同的副本、供应商发票、银行结算凭证一一核对，作为是否付款的依据，报财务部经理审批。

（6）付款。审批通过后，开具付款凭证，按照采购合同规定的付款方式办理付款手续。

（7）异常处理。如物品与订货单不符或质检不合格，采购专员必须及时与供应商协商解决办法，并上报采购主管。根据协商结果，仓储部办理退换货或入库手续。

实例演练

经过前期调研和网店试销，王强决定与好利来科技制品有限公司签订商品一件代发购销合同，建立长期合作关系。下面是王强拟定的商品购销合同。

合同编号：GZHLLW230023

商品购销合同（一件代发）

甲方（委托方）：好利来科技制品有限公司

联系方式：136××××8888

地址：广东省惠州市惠城区鹅岭路××号

乙方（受托方）：王强

联系方式：137××××9999

地址：广州市白云区聚鹤街××号

甲乙双方本着平等互利的原则，经协商一致，由乙方通过网络渠道销售甲方商品，甲方为乙方提供商品一件代发服务。双方都已经理解认可本合同的所有内容，同意承担各自应承担的权利和义务，忠实地履行本合同。合同内容如下：

一、合作内容

甲方按双方约定的供货价格向乙方提供好利来全系列无线蓝牙耳机，乙方通过网络渠道销售甲方商品，甲方为乙方提供商品一件代发服务。

二、甲方的权利与义务

1. 甲方需根据乙方的需要提供商品的资料以及信息，协助乙方获得必要的产品说明。

2. 甲方应保证所提供商品符合国家相关法律法规及国家产品标准。

3. 甲方负责创建专供网络渠道销售的商品仓库，为乙方提供售出商品之后的后续服务，如填写快递单号、打包、发货、退换货等相关的操作行为。如因甲方发货不及时、漏发货、发错货、商品质量出现问题等所产生的客户纠纷与损失均由甲方承担。

4. 甲方按要求为乙方提供商品一件代发服务，甲方需保质保量发出乙方所委托的商品：

（1）每日__18：00__前付款的单子，应保证当天发货。

（2）每日__18：00__到__24：00__付款的单子，应保证第二天发货。

（3）一般情况下，甲方保证付款订单在24小时内发货；如遇特殊情况，订单有延误，甲方应及时通知乙方。如因甲方发货不及时所造成乙方损失均由甲方承担。

（4）如果商品断销，甲方应及时通知乙方；如因甲方缺货、不及时通知乙方所造成乙方损失均由甲方承担。

5. 甲方应向乙方淘宝店铺（https://shop70835414.taobao.com/）提供技术指导和商品图片。

6. 甲方应保证其所生产的商品已获得销售所需要的各项审批或许可，对其所生产的商品享有唯一合法的所有权，且未侵犯任何第三方权利；若因甲方商品出现侵权行为，所造成的乙方损失均由甲方承担，由此引起的相关责任亦由甲方承担，乙方不承担任何关联责任。

7. 甲方有权要求乙方在每月__15__日付清上月代发货款与一件代发服务费。

8. 如因通货膨胀造成甲方提高商品价格，甲方应提前一个月通过QQ、邮件、电话等方式告知乙方。

三、乙方的权利与义务

1. 乙方应合法经营淘宝店铺中甲方提供的商品，遵守淘宝平台的管理规定。

2. 乙方每日应及时将订单信息汇总并通过QQ或邮件的形式发送给甲方，如因乙方订单信息错误、发送信息延迟等原因所产生的客户纠纷与损失由乙方自行承担。

3. 客户取消订单时，乙方有义务及时通知甲方；如因乙方信息滞留造成甲方损失由乙方承担。

4. 乙方应在每月__15__日付清上月代发货款与一件代发服务费。

5. 乙方应保证按本合同的约定及时、足额支付甲方的代发货款以及一件代发服务费，如乙方逾期付款超过__15__日，则甲方视为乙方自动终止合同。

四、违约责任

本合同签订后，任何一方违反本合同的约定，给对方造成损失的，违约方应依法承担违约责任，包括但不限于赔偿守约方的直接、间接全部损失。

五、其他

1. 本合同有效期为：20__23__年__9__月__1__日至20__26__年__9__月__1__日。

2. 因本合同引起的任何争议，双方应协商解决。协商不成的，任何一方可向所在地人民法院起诉。

3. 本合同一式两份，甲乙双方各执一份，具有同等法律效力，本合同自双方签字盖章之日起生效。

甲方（代表）：李华
（公司盖章）
身份证号：44132219××××××3264
地址：惠州市惠城区鹅岭路××号
日期：2023.9.1

乙方（代表）：王强
身份证号：43211319××××××6524
地址：广州市白云区聚鹤街××号
日期：2023.9.1

对上述合同内容进行分析，该合同是一份结构完整、逻辑清晰的商业合同。从基本信息、标的物、合同双方的权利与义务，到合同违约责任，涵盖了商业合作中可能出现的主要问题，有效地保障了双方的利益。

（1）合同基本信息：合同详细列出了甲乙双方的重要信息，如企业名称、地址、联系方式以及签章等，这为双方提供了身份确认和联系依据。此外，正式的合同编号增强了合同的正式性和可追溯性。

（2）明确的标的物：合同中明确指出了“好利来全系列无线蓝牙耳机”作为交易的标的物，这有助于确保双方在交易过程中的目标一致，避免了因标的物不明确而产生纠纷。

（3）权利与义务规定：合同中明确列出了甲乙双方的权利和义务，确保了双方在合作中的平等地位，明确了各自承担的相应责任，并享有相应的权益。

（4）违约责任：合同明确规定了违约责任和处理办法。当任何一方违反合同条款时，另一方可以根据这些条款来维护自己的权益，避免了因责任不清而产生的纠纷。

拓展训练

请同学们在阿里巴巴采购批发网（1688.com）中选择一家网店，模拟与其签订“一件代发”商品购销合同。请分组讨论“一件代发”商品购销合同应包含的主要内容，并完成商品购销合同的编制。

学习评价

完成本学习单元的学习后，请根据表 4–3 所示评价标准对学习质量进行评价。

表 4–3　学习质量评价标准

评价类别	评价内容	分值	得分
知识	熟悉采购实施的内容和要求	20 分	
	熟悉采购合同的主要内容	20 分	
技能	能进行采购磋商	20 分	
	能读懂采购合同并制定简单采购合同	20 分	
素养	培养爱岗敬业、协同合作的职业素养	20 分	
合计		100 分	

思考与练习

1. 采购前采购商应收集哪些资料？

2. 简述采购磋商的流程。

3. 请同学们上网搜索一份商品采购合同，根据所学采购合同知识，分组讨论，分析商品采购合同应包含的主要内容。

4. 简述采购完成后的支付与结算流程。

知识导图

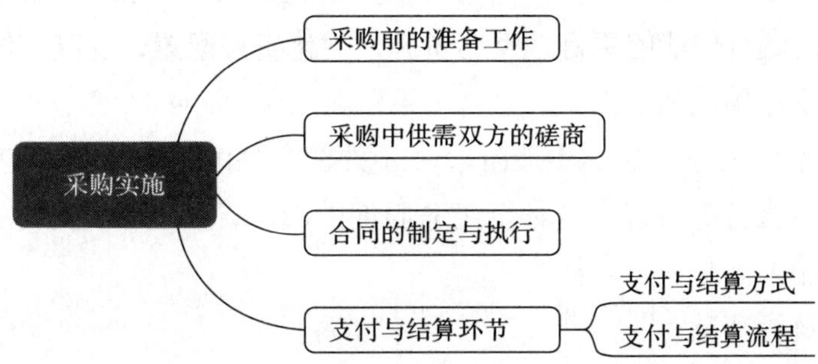

学习单元 3　企业采购方法

一、目标成本法

1. 基本概念

企业为了降低采购成本，通常会设定一个成本上限。例如，某汽车企业计划进入价格为 20 万元的汽车市场，这是其产品的目标售价；同时，企业希望每台车的利润能达到 3 万元，即目标利润。用目标售价减去目标利润，可以得出产品的目标成本为 17 万元。接下来，企业会对这 17 万元的成本进行细分，对每个零部件及其生产环节进行严格成本控制，确保其实际成本不会超过目标成本，从而实现既定的成本控制目标。这就是目标成本法。

2. 目标成本法的特点

目标成本法是一种先进的成本管理方法，其特点如图 4-4 所示，主要表现为以下几个方面。

（1）战略性利润

目标成本法以产品战略为导向，将成本管理提升到战略高度，通过战略性的成本规划和控制，帮助企业实现战略目标，提升企业的竞争优势。

（2）以价格为引导

目标成本法以市场价格为导向，通过确定产品的目标售价和目标利润，倒推出产品的目标成本，从而确保产品的成本不会超过市场接受度，增强了企业的市场竞争力。

（3）以设计为中心

目标成本法强调在产品设计和开发阶段进行成本控制，通过跨部门合作，优化产品设计，降低产品的成本。这使得目标成本法能够从源头上进行成本控制，避免了传统成本管理方法中只关注生产阶段的成本控制所导致的成本难以降低的问题。

（4）跨越多个职能部门

目标成本法需要多个职能部门的合作和协调，包括设计、生产、销售、采购等多个部门。这种跨部门的合作能够更好地整合资源，优化资源配置，提高整体效率。

（5）以产品生命周期为导向

目标成本法不仅关注产品的生产阶段，还关注产品的生命周期，包括产品的设计、生产、销售、售后服务等阶段。这种全生命周期的成本管理能够更好地控制成本，提高企业的长期盈利能力。

（6）以价值链为基础

目标成本法将成本管理扩展到企业的整个价值链，包括供应商、渠道商、用户等。这种价值链的成本管理能够帮助企业更好地了解市场需求和竞争状况，优化整个价值链的运作效率。

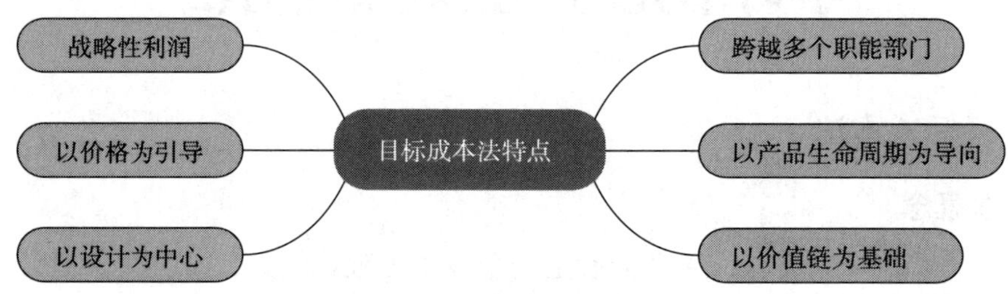

图 4-4　目标成本法的特点

3. 实施目标成本法的基本原则

（1）可行性原则

目标成本的确定必须基于企业的实际情况，考虑到现有资源和技术水平，确保目标成本是可以实现的，并且符合市场竞争的要求。这就意味着目标成本不应过高或过低，应具有现实可行性。

（2）先进性原则

目标成本应反映企业的成本潜力，即在企业现有条件下，通过加强内部管理所能够达到的成本水平。先进性原则旨在鼓励企业挖掘内部潜力，提高成本管理水平。

（3）科学性原则

在制定目标成本时，应确保方法的科学性和数据的可靠性。这需要广泛地收集资料，基于准确的数据信息，运用科学的技术方法进行测定。

（4）弹性原则

由于市场环境和企业内部条件可能发生变化，因此，目标成本应具有一定的弹性，以便根据未来的变化进行相应的调整。这种弹性使得目标成本法更具适应性和灵活性。

4. 实施目标成本法的注意事项

实施目标成本法需要全员参与，而不是局限在采购部门。各个部门、岗位都应参与到目标成本的制定和实施过程中，真正发挥目标成本法的全过程、全方位、全员的成本管理作用。

在实施目标成本法时，企业应与供应商保持良好的沟通和合作关系，避免给供应商过大的压力、提过高的要求，以免影响合作关系和造成时间进度延误。

在制定目标成本时，应对目标成本的可行性进行充分的分析，包括对市场需求的调查、竞争对手的分析、企业内部条件的评估等，以确保目标成本是切实可行的。

二、竞争招标法

1. 基本概念

竞争招标法是通过多个供应商之间的比价，寻求最低价格的一种采购方法。在采购同一种产品时，采用多家比价，通过供应商之间的竞争，确保企业在谈判中处于有利地位。这种采购方式的程序在不同国家、地区或组织中基本一致，通常包括招标、投标、开标、评标和合同授予等阶段。

2. 竞争招标法的优点

（1）能有效地实现物有所值的目标。通过广泛的竞争，采购商可以获得性价比最优的产品、工程和服务。

（2）促进公平竞争。无论是国际还是国内，竞争招标采购为所有符合资格的潜在供应商提供平等的竞争机会，确保了市场的公平性。

（3）确保交易公正。采用竞争性招标采购方式时，采购要求、评标标准等均公开通告，整个过程透明化，能确保交易的公正性，维护了供应商和采购商双方的利益。

（4）减少腐败的发生。竞争性招标采购程序规范，操作透明，监督健全，能有效遏制腐败的发生。

3. 竞争招标法的缺点

（1）周期长，费时多。招标过程较长，可能导致错过最佳采购时机。例如有些采购等到合同签订时，原拟购产品早已升级换代，或价格、汇率出现了不利的变化等。

（2）招标采购需要的文件烦琐，一旦考虑不周，可能导致大量的前期工作付诸东流。

（3）过于强调竞争可能导致设备规格多样化，不利于标准化和后期维护、备件统一。

（4）缺乏弹性。一旦确定最低评标价的供应商，采购商可能无法选择其他更优选项，缺乏灵活性。

三、集权采购法

1. 基本概念

集权采购法是一种集中采购策略，通过将所有物料的采购权集中到总公司，实现统一的管理和采购。集权采购法的实施，有助于总公司更好地掌握全公司的物料需求和供应链情况，从而更好地进行战略规划和管理。通过集中采购，总公司可以凭借其规模优势，获得更好的采购价格和谈判地位，提高采购效率并降低采购成本。

2. 集权采购法的优点

（1）采购规模效应。集权采购可以集中需求量，利用规模效应降低采购成本。

（2）统一管理。集权采购可以实现采购的统一管理，方便对供应商的管理和协调，降低管理成本。

（3）简化采购流程。集权采购可以简化采购流程，提高采购效率。

（4）统一谈判能力。集权采购可以提高整体的谈判能力，获得更好的采购条件。

3. 集权采购法的缺点

（1）缺乏灵活性。集权采购一定程度上缺乏灵活性，无法及时应对市场变化和分公司的特殊需求。

（2）决策周期长。集权采购的决策周期一般较长，无法快速响应市场变化。

（3）忽略地区差异。集权采购可能忽略不同地区的市场差异和需求特点，无法满足不同地区的特殊需求。

与集权采购相比，分权采购的优缺点恰好相反。选择何种采购方法需要考虑企业的战略目标、组织结构和市场环境等因素。在某些情况下，结合使用集权采购法和分权采购法，可以实现优势互补和规避各自的局限性。

四、ABC 分类法

ABC 分类法又称巴雷托分析法，是采购管理中常用的分类方法。其核心是区分主次、分类管理。其目的在于确保库存产品数量适中，既避免发生缺货情况，又防止因库存过多导致资金积压、周转困难和持有成本增加。

1. 分类方法

A 类产品：是价值高、品种少的产品，种类占总产品种类的 10% 左右，而采购金额占总产品采购金额的 70% 左右。对于 A 类产品，需要重点关注并实施严格的管理控制。在制订产品需求计划时，应紧密结合销售情况，尽量将库存维持在最低水平。

B 类产品：是价值较高、品种略多一些的产品，种类占总产品种类的 20% 左右，采购金额占总产品采购金额的 20% 左右。对于 B 类产品，同样需要重视。在制订产品需求计划时，可以根据销售情况对库存进行一定范围的灵活控制。

C 类产品：是价值较低、品种繁多的产品，种类占总产品种类的 70% 左右，而采购金额只占总产品采购金额的 10% 左右。对于 C 类产品，只需进行常规的管理控制。为降低订货费用，可以制定存量管理标准，采取集中、定量、定期补充的方式进行管理。

2. 实施 ABC 分类法的注意事项

（1）根据公司的实际情况进行分类。但不论如何分类，对重点物品进行重点管理的原则应始终不变。

（2）ABC 分类法主要关注的是资金的有效管理，而非物品本身的重要性。

（3）在实施过程中，如果发现产品的使用情况与最初的分类存在较大差异，应及时进行调整。对于需要升级的产品进行升级，对于需要降级的产品进行降级。

实例演练

李明运用 ABC 分类法对童装网店商品进行采购管理。他对网店所有产品（见图 4–5）进行归类，划分了 ABC 三类产品。

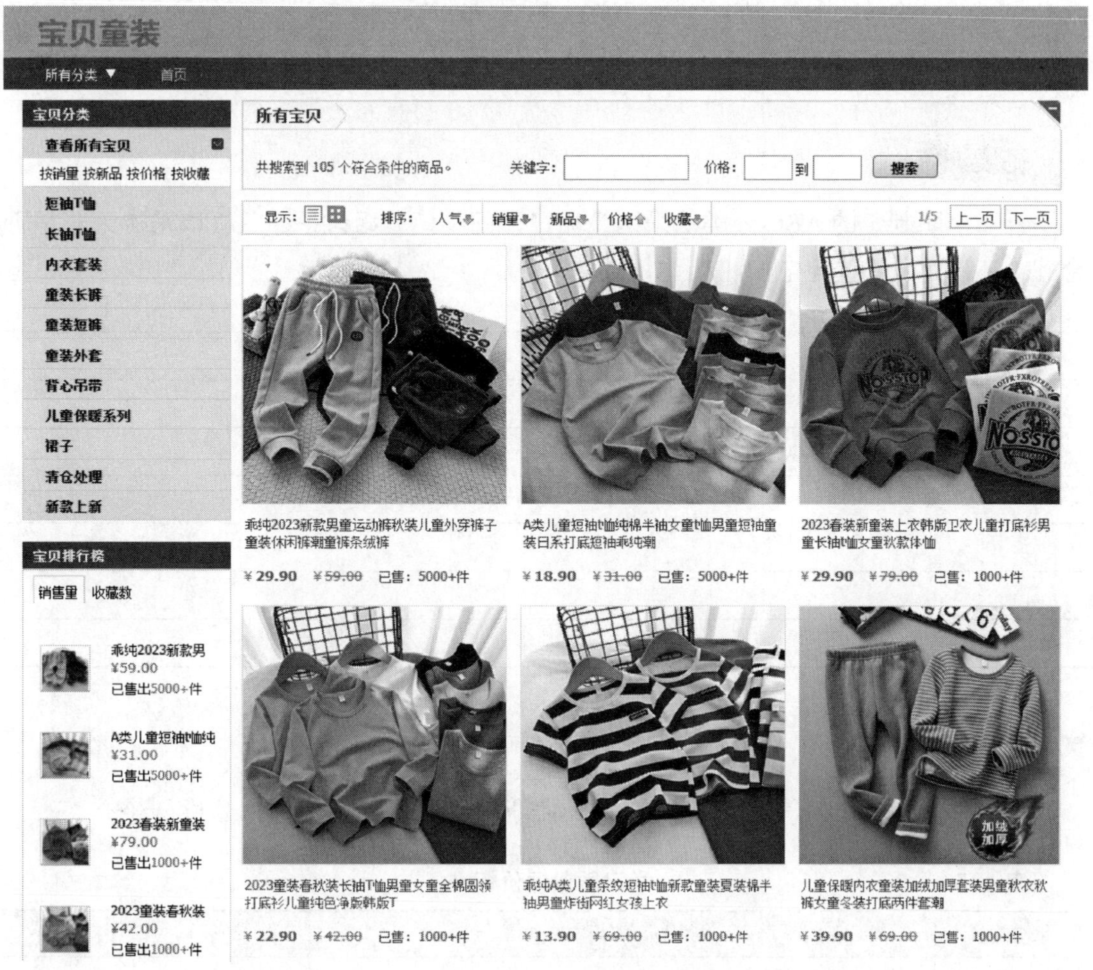

图 4–5 童装店商品

其中，A 类产品的入选条件是：单价在 70 元以上（含 70 元）、月累计销量在 500 件至 1 000 件的产品。经过盘点，该类产品仅有 2 款。B 类产品的入选条件是：单价在

40 元（含 40 元）至 70 元之间、月销量在 500 件至 1 000 件以上的产品。经盘点，该类产品有 10 款。C 类产品的入选条件是：单价在 20 元以下（含 20 元）、月销量在 1 000 件以上的产品。经盘点，该类产品有 25 款。

经过上述分类，李明将不符合条件的产品进行打折促销，放入清库存专区。同时，制定了 ABC 分类法采购策略，见表 4–4。

表 4–4　ABC 分类法采购策略

类别	产品单价（元）	价值占比	数量占比	具体产品	采购策略
A	≥70	68%	10%	儿童礼服类	按照客户订单进行采购
B	40≤B<70	21%	20%	儿童外套类	根据季节变化可以多采购一些
C	≤20	11%	70%	儿童内衣、袜子类	大批量采购，降低订货费用

拓展训练

针对李明制定的 ABC 分类法采购策略，请同学们分组讨论，分析该采购策略是否合理，还需要做哪些补充。

学习评价

完成本学习单元的学习后，请根据表 4–5 所示评价标准对学习质量进行评价。

表 4–5　学习质量评价标准

评价类别	评价内容	分值	得分
知识	熟悉常用的四种采购方法	40 分	
技能	能运用 ABC 分类法进行采购策略制定	40 分	
素养	培养成本意识	20 分	
合计		100 分	

思考与练习

1. 简述目标成本法的特点。
2. 什么是竞争招标法？其具有哪些优缺点？
3. 什么是集权采购法？其具有哪些优缺点？
4. 简述 ABC 分类法的目的和注意事项。

知识导图

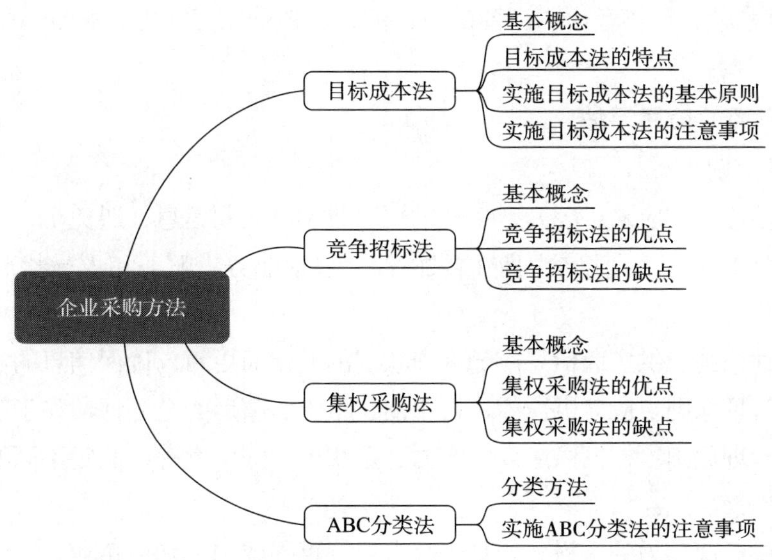

学习单元 4　供应商选择和供应链管理

当电商企业运营到一定规模，与更多优质供应商建立合作关系就成为必然。优化供应链管理，确保供应商质量，是推动企业持续发展的关键。

一、供应商选择

要选择优质、可靠的供应商，需要考虑多方面因素。

1. 影响供应商选择的因素

（1）产品质量

因为优质的产品是确保最终消费品质量、提升市场占有率和竞争力的基础。所以，产品质量是影响供应商选择的首要因素。

（2）供应物资价格

采购物资的价格对企业降低成本、提高利润和竞争力至关重要。但价格并非唯一的考量因素，还需综合考虑产品质量、交货时间和运输费用等。

（3）准时交货

能否准时交货直接影响企业生产和供应链的连续性，影响市场需求的响应速度，进而影响生产计划和销售计划。

（4）品种柔性

要想在激烈的竞争中生存和发展，企业需要生产多样化的产品，以适应消费者的需求。供应商的品种柔性决定了产品的多样性，进而影响企业的市场占有率和盈利能力。

除以上因素外，还需考虑供应商的设计能力、特殊工艺能力、服务水平及项目管理能力等。

2. 对供应商的信用评估

（1）评估原则

1）客观性原则。应通过公开、正规的渠道收集供应商信息，避免个人主观臆断。

2）系统性原则。多角度全面评估供应商，包括业务、财务和人员状况，确保信息的完整性。

3）实效性原则。供应商信息应随客户状况的变化而更新，确保信息的实效性。

4）动态管理原则。应对供应商进行事前、事中、事后的全面评估和了解。

5）分类管理原则。根据供应商的实力、透明度、守信度等，制定不同的信用政策。

（2）评估资料

1）关于供应商实力的资料，如是否是世界五百强或国内知名企业。

2）关于供应商性质的资料，如外资企业、上市公司、民营企业、国有企业等。

3）关于供应商财务状况的资料，评估供应商是否属于高风险行业，负债状况如何等。

4）关于账期规定的资料，了解供应商是否有明确的账期规定。

5）关于供应商合规情况的资料，评估供应商是否遵守法律法规，内部管理是否规范。

6）合同。查看与供应商签订的框架协议和合同，关注账期等关键条款。

7）其他资料。如供应商来源，对接的供应商业务人员情况等其他情况。

（3）评估资料来源

1）大众媒介，如网站、新闻、评价等，需多方验证信息的准确性。

2）行业管理部门、同行信息等。通过收集行业内其他企业的信息，了解供应商的声誉。

3）企业内部信息。通过与供应商的直接交往，获取第一手资料，形成对供应商的直观印象和可信度评估。

3. 对供应商的服务评估

（1）沟通手段

评估供应商是否具备合适的业务人员与本企业进行沟通，确保沟通手段符合本企业的要求，包括电话、传真、电子邮件以及文件书写软件等是否匹配。

（2）反馈信息

评估供应商对订单、交货、质量投诉等反应的及时性和准确性，以及答复的完整性和对退货、挑选等问题的处理速度。

（3）合作态度

评估供应商是否将本企业视为重要客户，并重视本企业的需求。同时，关注供应商的内部沟通协作情况，如市场、生产、计划、工程、质量等部门是否能整体理解并满足本企业要求。

（4）共同改进

评估供应商是否能积极参与或主动参与本企业相关的质量、供应、成本等改进项目，推行新的管理做法等，并配合本企业召开的供应商改进会议和质量体系审核。

（5）售后服务

评估供应商是否主动征询本企业意见、主动访问本企业、主动解决或预防问题，提供及时有效的售后服务。

（6）其他因素

评估供应商的资金、资源、承诺、所体现出的能力等方面是否与本企业提出的要求相一致，是否积极提供本企业要求的新产品报价与式样，并妥善保存与本企业的交易记录。

二、供应链管理

1. 基本概念

供应链管理是指在满足一定的客户服务水平的条件下，使整个供应链系统成本最小化，并把供应商、制造商、仓库、配送中心和渠道商等各方有效地组织在一起，进行的产品制造、转运、分销及销售完整流程的管理方法。简单地说，供应链管理包括计划、采购、制造、配送和退货五大核心环节。

2. 电子商务供应链管理

（1）在线订货

企业通过 ERP 系统（即 Enterprise Resource Planning，企业资源计划）将产品目录及价格发布到在线订货平台上，经销商直接在此平台订货，并实时追踪订单的处理状态。这种可视化的订货处理模式，不仅能实现购销双方的订货业务协同，还显著提高了订货处理效率及数据准确性。一旦经销商提交网上订单，企业会依据一系列既定的价格、信用和库存政策对订单进行审核，并完成后续的发货及结算。

（2）经销商库存管理

通过经销商网上确认收货功能，可以自动更新经销商库存信息，减少重复的手动录入，从而提升数据的及时性和准确性。此外，经销商会定期维护出库信息，帮助经销商和企业实时掌握准确的渠道库存信息，有助于消除“牛鞭效应”，为企业业务决策提供有力支持。

（3）在线退货处理

企业通过在线订货平台，接收经销商提交的退货申请，并根据销售政策和退货类型等进行审核确认。经销商则可以通过订单平台实时查看退货申请的审批状态，提高了退货处理的效率。

（4）在线对账

通过定期从 ERP 系统自动提取数据生成对账单，并将其批量发至在线平台，经销商可以轻松查看和确认对账单。这不仅简化了对账流程，还减少了过程中的分歧，有助加速资金的良性循环。

3. 供应链管理的目标

供应链管理是对整个供应链系统进行计划、协调、操作、控制和优化的活动和过程。供应链管理的目标是使供应链从采购到满足客户最终需求的整个过程达到最优，同时以最少的成本实现供应链的顺利运作。

（1）提升客户满意度

提升客户满意度是供应链管理与优化的最终目标。所有供应链管理、优化的方法及手段都是以此为中心，因为客户满意度是企业赖以生存和发展的关键。

（2）提高企业管理水平

供应链管理与优化的重要内容就是流程的再造与设计，这对企业管理流程的优化和管理水平的提升具有重大意义。随着企业供应链流程的优化，企业管理的系统化和标准化将显著改善，进而提高企业管理水平。

（3）降低交易成本

通过整合电子商务供应链，可以大幅降低供应链各环节的交易成本，缩短交易时间。

（4）降低存货水平

通过扩大组织边界，供应商能实时掌握存货信息，并据此组织生产，及时补货。因此，企业无须维持过高的库存水平。

4. 制约供应链发展的主要问题及解决方法

在互联网时代，无论是国内电商平台还是跨境电商平台，都在推动供应链的数字化和智能化进程。而制约供应链发展的主要问题是上下游数据沟通不畅。通过数据共享和协同创新，可以确保整个供应链围绕市场需求有序、高效地运作，实现上游的精准研发、中游的精益生产、下游的精准营销，从而提升供应链效率，发挥数字供应链、智能供应链的作用。

在电商企业供应链中，涉及物流、仓储、售后服务等多个环节的协同。由于各环节涉及的企业、人员众多，业务复杂，绝大多数企业的数字化都只解决了表面问题，无法将人员、流程与数据的协作共享与业务实现无缝集成。

为了提升供应链上下游的协同管理效率，需要在技术、操作模式和管理模式上进行创新，以整体提高供应链的反应速度。此外，应出台相关政策以支持大数据标准体系和数据存储、安全传输等领域的发展，为供应链上下游合作提供更好的制度环境。

为解决上述问题，一方面，可以利用智能手机和移动技术将客户经营延伸至更前端，实现线上线下全渠道营销的完美融合。另一方面，借助先进技术，如云计算、物联网、大数据和人工智能等，使计划协同和预测更加精准、供应链协同更加流畅、制造执行更加智能化。

实例演练

虽然王强通过实施 ABC 分类法，有效降低了网店采购成本，但网店仍然存在缺货断货、商品款式单调的问题，影响了销售。为此，王强打算扩大供应商渠道，编制了网店供应商评估表（见表 4-6），从供应商的资质、价格、付款期限、服务等多方面进行评估。

表 4-6　　网店供应商评估表

<table>
<tr><th>考评项目</th><th colspan="3">评分标准</th><th>分项得分</th></tr>
<tr><td rowspan="3">资质标准（满分为 10 分）</td><td colspan="2">1. 提供完整正规的资质文件复印件</td><td>10 分</td><td></td></tr>
<tr><td colspan="2">2. 资质文件不全</td><td>5 分</td><td></td></tr>
<tr><td colspan="2">3. 资质文件不合格</td><td>0 分</td><td></td></tr>
<tr><td rowspan="3">价格标准（满分为 30 分）</td><td colspan="2">1. 明显低于市场价格</td><td>30 分</td><td></td></tr>
<tr><td colspan="2">2. 较低于市场价格</td><td>20 分</td><td></td></tr>
<tr><td colspan="2">3. 市场一般报价</td><td>10 分</td><td></td></tr>
<tr><td rowspan="3">付款期限（满分为 30 分）</td><td colspan="2">1. 接受 3 个月付款期限</td><td>30 分</td><td></td></tr>
<tr><td colspan="2">2. 接受 1～2 个月付款期限</td><td>20 分</td><td></td></tr>
<tr><td colspan="2">3. 货到付款</td><td>10 分</td><td></td></tr>
<tr><td rowspan="3">服务标准（满分为 30 分）</td><td rowspan="3">交货时间（满分为 10 分）</td><td>1. 按时交货，产品合格率达 99% 以上，合同执行率为 100%</td><td>10 分</td><td></td></tr>
<tr><td>2. 偶尔延迟交货时间，产品合格率为 99% 以上，合同执行率为 99% 以上</td><td>8 分</td><td></td></tr>
<tr><td>3. 经常延迟交货，产品合格率为 80% 以上，合同执行率为 98% 以上</td><td>5 分</td><td></td></tr>
</table>

续表

考评项目	评分标准			分项得分
服务标准（满分为 30 分）	服务响应时间（满分为 10 分）	1. 服务响应时间为 1 天，并及时给出不合格产品的处理办法	10 分	
		2. 偶尔拖延服务响应时间，能够及时给出不合格产品的处理办法	8 分	
		3. 经常拖延服务响应时间，不能及时给出不合格产品的处理办法	0 分	
	质检流程（满分为 10 分）	1. 内部有较规范的质检流程	10 分	
		2. 内部有普通质检人员确保产品质量	8 分	
		3. 内部有简单质检流程	5 分	
总分	100 分		得分	

供应商评价标准及推荐意见：

等级	得分	评价	推荐意见
A	100> 供应商得分≥90	优秀	高度推荐
B	90> 供应商得分≥75	良好	推荐
C	75> 供应商得分≥60	一般	根据实际情况采购

拓展训练

根据所学知识，请同学们分析王强制定的网店供应商评估表是否全面。如有需要完善之处，请写出修改建议。

学习评价

完成本学习单元的学习后，请根据表 4–7 所示评价标准对学习质量进行评价。

表 4–7　　学习质量评价标准

评价类别	评价内容	分值	得分
知识	熟悉影响供应商选择的因素	20 分	
	了解供应链管理的内容和目标	20 分	
技能	能制作简单的供应商评估表	20 分	
	能对供应商进行评估	20 分	
素养	培养爱岗敬业的职业素养	20 分	
合计		100 分	

思考与练习

1. 简述影响供应商选择的因素。
2. 简述供应链管理的目标。

知识导图

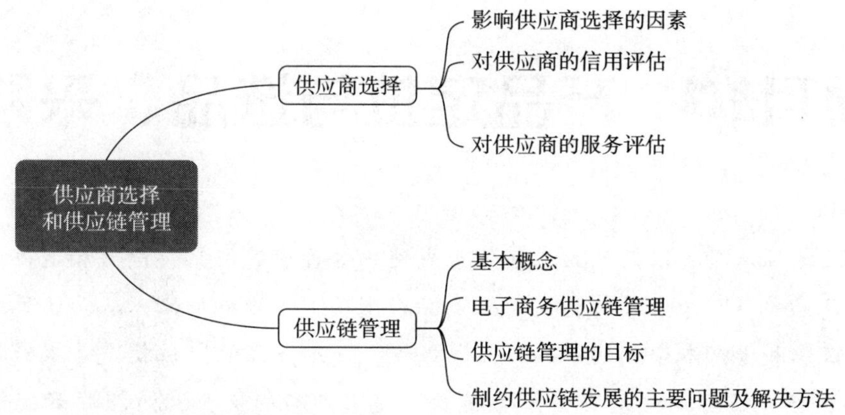

项目五 产品定位与选品、采购

导语

产品定位是指确定某产品在消费者或用户心目中的形象、价值和地位，即通过塑造产品的鲜明个性或特色，树立产品在市场上的独特形象，从而使目标用户了解、认识和选择本企业的产品。简单来说，一个产品的定位就是寻找产品自身的独特卖点，强化或放大某些产品属性，突出产品的优势，为消费者提供购买理由。

学习目标

知识目标

（1）熟悉产品定位的概念、内容及原则

（2）熟悉产品定位方法

（3）熟悉产品定位五步法的关键点

技能目标

（1）能够遵循产品定位原则，确定产品定位方法

（2）能根据产品定位五步法对指定产品进行定位分析

素养目标

（1）培养学生的创新思维、工匠精神

（2）培养学生自主学习能力

学习单元 1　产品定位

一、产品定位的概念和内容

1. 产品定位的概念

产品定位是企业根据目标消费者或目标消费市场的需求和偏好，选择使用什么样的产品来满足这些需求。与产品定位密切关联的是市场定位。市场定位是指企业根据目标市场上同类产品的竞争状况，针对消费者对该类产品某些特征或属性的重视程度，为本企业产品赋予与众不同的、让人印象深刻的形象，并将这种形象生动地传递给消费者，从而使该产品在市场上占据适当的位置。市场定位的实质是使本企业与其他企业严格区分开来，使消费者明显感觉和认识到这种差别，从而在消费者心目中占有特殊的位置。可见，市场定位更侧重于企业在目标市场上的竞争地位和形象塑造，而产品定位则更侧重于如何通过产品的特性来满足目标消费者或目标消费市场的需求。

市场定位和产品定位是相互关联的，它们共同构成了企业战略的核心。从理论上讲，应该先进行市场定位，然后再进行产品定位。市场定位是企业对目标市场的选择，而产品定位则是将市场需求与企业的产品相结合的过程。

2. 产品定位的内容

产品定位需要从产品的功能属性、生产工艺、外观包装、价格等方面进行整体定位。其中功能属性定位是解决产品满足消费者什么样的需求，生产工艺是决定产品以何种质量和形态呈现以满足消费者需求，外观包装体现产品设计风格、规格，满足消费者对产品外在需求，价格定位是确定产品最终的消费群体。

因此，产品定位是一个综合过程，需要通过多个角度的打造来确保产品能够满足消费者的需求，并形成独特的市场竞争力。

二、产品定位的原则

1. 突出特色原则

企业应根据市场的需求情况，在市场产品功能缺失或不足处选定具有特色的定位产品。对消费者需求和偏好的了解越充分，对市场潜力的预测就越准确，也就越能确定有独特性的产品定位。

特色原则是产品定位的关键。在互联网时代，企业在产品、性能、服务等方面的差异越来越小，互联网产品的信息传播也趋于统一。为了使自己企业的产品在市场竞争中脱颖而出并被消费者记住，就必须想方设法展现产品的个性。

例如，闲鱼网是一个专注闲置物品交易的平台。其产品定位和运营宣传的重点是交换闲置物品。用户只需使用淘宝或支付宝账户登录，无须开店，就能一键转卖个人淘宝账户中的闲置宝贝。除此之外，用户还可以在闲鱼网上交易各种闲置物品，如闲置桌椅、家电、服装等。这种“交易闲置物品”的特色就是闲鱼网的核心竞争力。图 5-1 所示为闲鱼网首页。

图 5-1　闲鱼网首页

2. 求新求异原则

求新求异是人的天性，在瞬息万变的互联网时代，这一点显得更为突出。企业在进行互联网产品定位时，应注重创新，通过产品创新、服务创新、特色各异来满足消费者的多样性、个性化需求。

以社交产品市场为例，尽管 QQ 和微信等主流社交平台已经占据了市场主导地位，但社交产品 Soul 依然能够脱颖而出，就得益于其坚持求新求异的原则。Soul 是以用户内涵为交友基础，以算法为匹配手段，提供文字、图片等多样化的互动方式，打造了一款弱化颜值的深度社交 App，其产品结构如图 5-2 所示。作为一款社交产品，Soul 凭借其强大的功能，深入了解用户需求。它的“新”并非推出全新的、市场上从未有过的产品，而是在某些方面展现出不一样的特色，从而产生与众不同的、新颖独特的效果。

3. 主动地位原则

在互联网市场中，只有那些在用户心目中占据主导地位的产品，才能成为行业的领导者。所以，企业在为自己的产品进行定位时，要积极寻求占据市场龙头位置的机会。

首先进入用户脑海的产品，其市场占有率和占有时间会比排名第二的产品高出 2 倍，比第三位的产品高出 4 倍，并且这种关系是长期稳定的。这意味着，一旦一个互联网产品在用户心中占据了位置，就很难被其他产品取代。就像 QQ 将 MSN 打败，并在随后的社交大战中取得完胜。这与其创始人马化腾坚持“只做第一，不做第二，占据市场主导地位”的定位理念密切相关。

因此，企业在进行产品定位时，应积极寻求成为市场领导者，通过创新、差异化、品牌建设等方式抢占市场先机。同时，要密切关注市场动态和竞争对手的动态，及时调整产品策略，保持产品的竞争力和吸引力。只有占据主动地位，才能在激烈的市场竞争

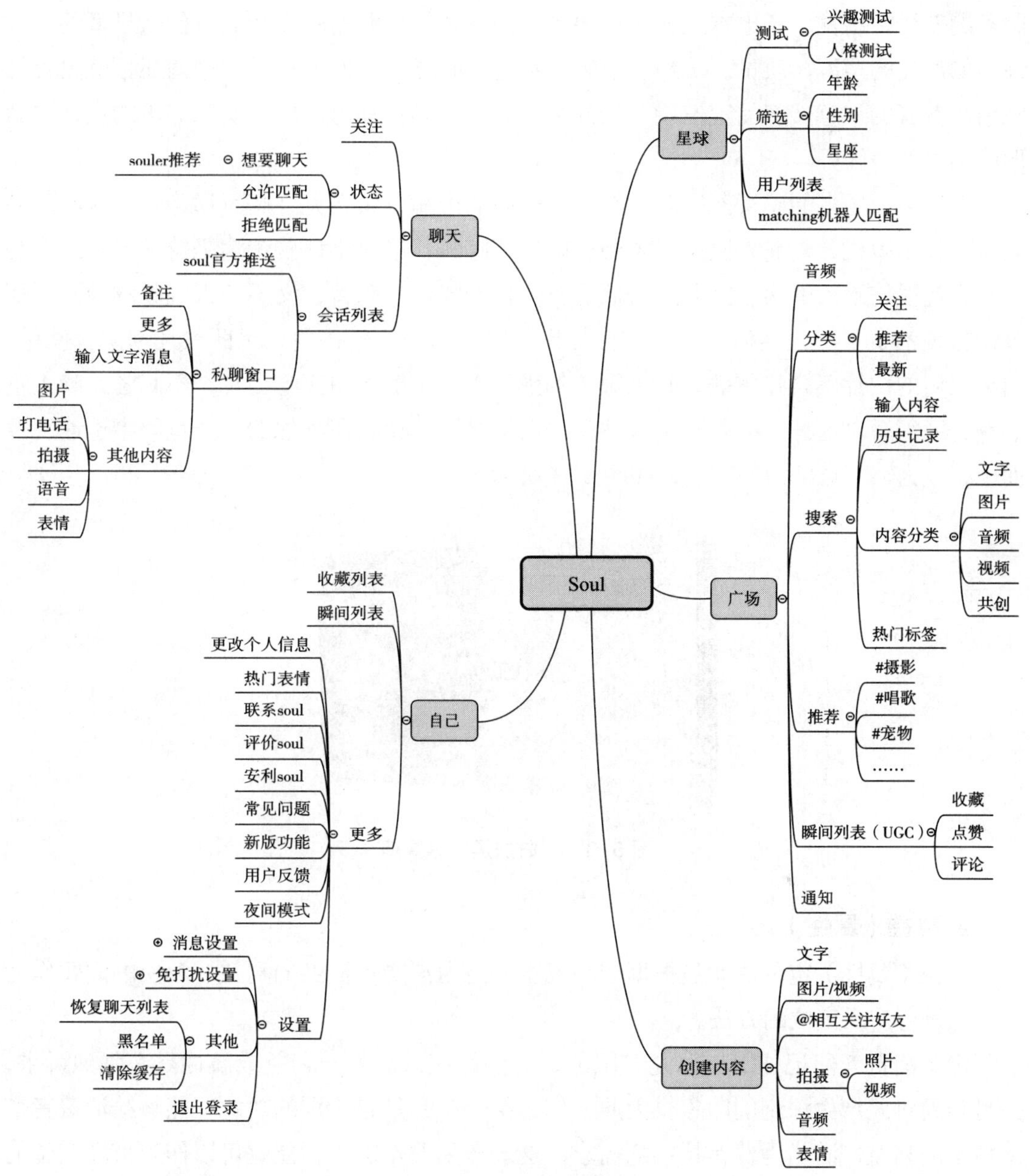

图 5-2　Soul 产品结构

中脱颖而出，成为行业的领导者。

三、常用的产品定位方法

1. 产品差异定位法

产品差异定位法是强调与竞争对手的产品相比较，本企业产品具有明显差异化特征的定位方法。

任何企业生产的产品和提供的服务都不可能完全一样，因此企业定位可以从产品和服务的差异性出发，考虑本企业所销售的产品与其他企业的同类产品有什么显著的差异性，如产品的功能、质量、价格、包装、味道、服务等。如果差异之处明显，就更容易吸引消费者的注意。产品定位始于差异性，这些差异性都可以成为卖家突破的点，进而形成相对竞争优势。

例如，市场上的感冒药很多，知名度较高的产品有康泰克、感冒通等。但这些产品均含有扑尔敏成分，病人服用这类药后就会打瞌睡，这对于那些带病坚持学习和工作的人来说是很伤脑筋的事。因此，人们需要一种既能治疗感冒，又不使人瞌睡的药。制药公司根据消费者的需要研制出了“白加黑”感冒药。该药将白、黑两种片剂配合使用，白天服用的白片不含扑尔敏，晚上服用的黑片含扑尔敏。白天吃白片，不瞌睡；晚上吃黑片，睡得香。这种产品差异定位法使“白加黑”感冒药在激烈的市场竞争中迅速脱颖而出，成为很有竞争力的产品，如图 5-3 所示。

图 5-3　“白加黑”感冒药

2. 利益（属性）定位法

利益（属性）定位法就是根据产品或服务能为消费者提供的利益、解决的问题作为切入点进行产品定位的方法。

由于消费者能记住的信息是有限的，他们往往只对某一利益或属性具有强烈诉求，并且容易对此产生深刻的印象。因此，如果某一产品具有特别的功能，能够给消费者带来特别的利益，满足消费者特别的需求，这一产品的差别化利益就可以作为市场定位的有力武器。例如，沃尔沃汽车强调自己的安全性能，宝马汽车则强调自己的操控性能。又如，宝洁公司善于运用利益定位法，其三种洗发水分别定位于不同的利益点：“飘柔”使头发光滑柔顺，“潘婷”为头发提供营养保健，“海飞丝”使头屑去无踪，秀发更出众，如图 5-4 所示。

采用利益定位法必须满足以下要求：

第一，利益的诉求点必须是独一无二、绝无仅有的，至少是其他企业无法提供，或者没有提及过的。以确保产品在市场上具有独特性和吸引力。

第二，利益诉求的出发点必须是消费者，也就是说，所谓利益的卖点必须是消费者最关心、最感兴趣、最需要、最迫切的，而不是企业自身的一厢情愿。这样才能真正满

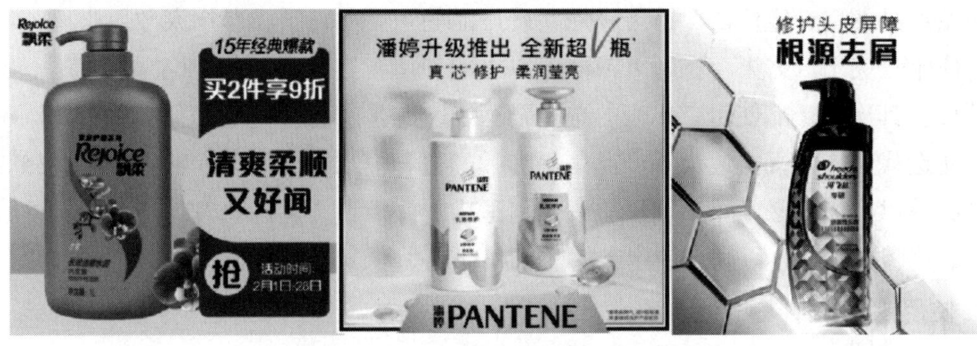

图 5-4　宝洁公司旗下品牌洗发水

足消费者的需求，提高产品的竞争力。

第三，利益的诉求点要集中，应表示明确，不要因庞杂而分散了注意力，失去关注焦点。这样才能使消费者更容易记住并关注产品的独特卖点。

3. 产品使用者定位法

所谓产品使用者定位法，是指企业通过明确其产品适用对象，并借助使用者代表进行劝说以吸引目标消费者，从而实现产品定位的方法。

产品的使用情况往往符合 20/80 的法则，即大约 80% 的生意来自于 20% 的客户。因此，如果企业能找到自己的忠实消费者，并精准地为他们服务，策划他们能理解的广告，这样，在定位目标消费者和目标消费者市场的时候将更加容易。

以别克凯越为例，它被定位为"以实干求超越的中坚者之车"。作为一款具有动感外观、人性化空间、先进配备的中档轿车，在广告宣传中，除强调实用、可靠、时尚外，其着力渲染该款轿车能够体现使用者务实进取、严谨踏实、对事业全力以赴、对生活全情投入、追求不断超越自我的生活态度，将目标消费者定位为中层经理人、小型私营企业主等中坚者。图 5-5 所示为别克凯越——以实干求超越的中坚者之车定位。

图 5-5　别克凯越——以实干求超越的中坚者之车定位

采用产品使用者定位法时，首先应明确产品使用者的特征，包括人数、心理或行为方面，应十分突出。如果存在两个或两上以上的使用者类型，这种定位方法将难以实现预定目标。其次，产品使用者代表的选择要适当，这是广告表现上能否实现有效沟通的关键。所选代表应能真实地反映产品使用者的形象和需求，从而与消费者产生共鸣。最后，产品提供的利益必须足够明显，以吸引适用的使用者。这意味着产品需要具备独特的功能、优势或价值，以满足使用者的需求和期望。

4. 使用定位法

使用定位法是通过将产品的使用地点或使用时间作为特别的传播点而进行的定位。有时，可以根据消费者如何使用、何时使用来对产品进行精准定位。

以近年来流行的睡眠面膜为例，这种面膜是在晚上做完基础护肤之后，直接敷在脸上就可以睡觉的一种面膜，其特点是免洗，可以敷在脸上过夜，非常方便实用。图 5-6 所示为京东平台上各种在销睡眠面膜。

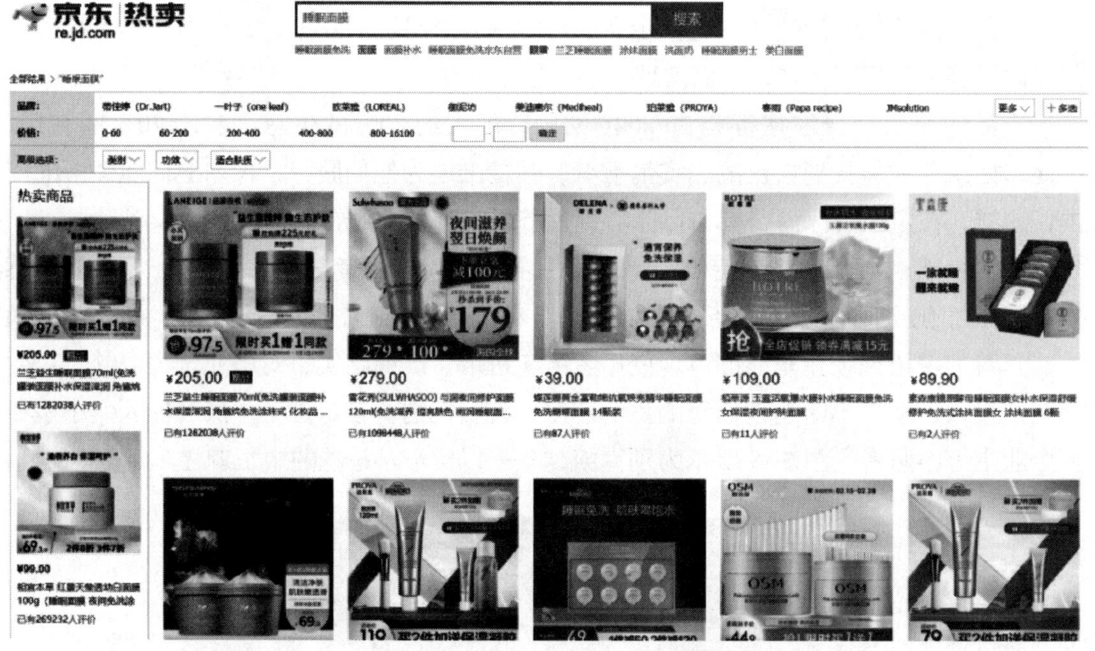

图 5–6　京东平台上各种在销睡眠面膜

通过了解消费者的使用习惯和需求，我们可以更好地满足他们的期望，提高产品的市场竞争力。

5. 分类定位法

分类定位法是指利用某种方式将本企业产品与竞争对手产品进行分类，从而明确本企业产品与对方的差别而实现产品定位的方法。

这种定位法比较常见，因为企业在市场竞争中并非与所有同行都是竞争关系，而是与同类或相似产品进行竞争。对于创新型产品来说，无论是在开发新市场，还是在深耕既有市场，这种方法均特别有效。

例如，奥克斯在进入空调市场时面临激烈的竞争，其竞争对手包括海尔、科龙、美的等老牌国内家电企业，奥克斯在品牌、渠道和技术实力等方面都无法与它们竞争。但奥克斯从空调的成本出发，发布了《空调成本白皮书》，把空调的生产成本公布在大众面前。虽然这引发了几乎所有空调生产商的攻击，但奥克斯依然凭借低成本的定位立足市场，并取得了较大的市场占有率，如图 5–7 所示。

图 5–7　奥克斯空调

6. 针对特定竞争者定位法

针对特定竞争者定位法是直接针对某一特定竞争者，而不是针对某一产品类别，是挑战某一特定竞争者的定位法。

运用针对特定竞争者定位法时，首先需要找出销量最好、价位最接近、风格最接近的竞争者，查看该店铺销量最好产品的评价，找出该产品最大的缺点，将对手产品的缺点变为自己产品的优点，快速形成自己店铺的优势产品。例如，百事可乐在进入美国市场前，美国的饮料市场是可口可乐一统天下。百事可乐仔细研究可口可乐的缺点，发现其瓶装饮料的容量较小，年轻人喝一瓶不过瘾，喝两瓶又有点多。于是百事可乐就使用了细长的塑料瓶，容量比可口可乐多 50%，价格却与可口可乐一样，并在全国设立自动售货机，同样的钱投进百事可乐自动售货机中，得到的百事可乐比可口可乐多 50%，年轻人喝完了觉得很痛快。通过这种方式，百事可乐成功进入美国市场。图 5–8 所示为百事可乐产品。

虽然挑战某一特定竞争者的定位法有时可以获得成功（尤其是在短期内），但是就长期而言，也有其限制条件，特别是挑战强有力的市场领袖时更是如此。

图 5-8　百事可乐产品

7. 问题定位法

问题定位法是指通过对行业内的问题的定位，为产品建立市场地位的一种方法。它通常用于垄断行业。

一般来说，只有在产品的差异性不重要或不明显，而且竞争者较少的情况下，才会采用问题定位法。因为问题定位法是针对消费者所面临的共同问题加以定位的方法。例如补钙产品专门针对老年人的骨质疏松问题；补血产品则面向女性市场，解决女性常见的贫血问题。

综上所述，每种产品的定位方法都有其独特的适用场景和优势。企业可以根据自身情况和市场状况选择适当的方法，使产品更好地满足消费者的需求，提高市场竞争力。同时，企业还需要不断关注市场变化和消费者需求的变化，灵活调整产品定位策略，以保证持续的创新和市场领先地位。

实例演练

来自贵州黔南州三都水族自治县的赵亮同学想通过所学的电商知识和技能，助力家乡脱贫致富。他的家乡出产马尾绣、九阡酒、风味酸、水晶葡萄、老王山绿茶、水族绣花鞋等特产。经过前期选品分析，他选择马尾绣作为首个销售产品。然而，要想让马尾绣取得良好的销售业绩，就必须准确地进行刺绣市场定位和产品定位。

一、准备工作

1. 明确任务目标。即对贵州黔南州三都马尾绣进行产品定位，开辟网络销售渠道，实现良好的销售业绩。

2. 收集信息。通过百度等网站收集的贵州三都马尾绣产品信息，赵亮了解到：马尾绣是水族妇女世代传承的以马尾作为重要原材料的一种特殊刺绣技艺，是独具特色的民间传统工艺，被誉为刺绣的“活化石”，如图 5-9 所示。

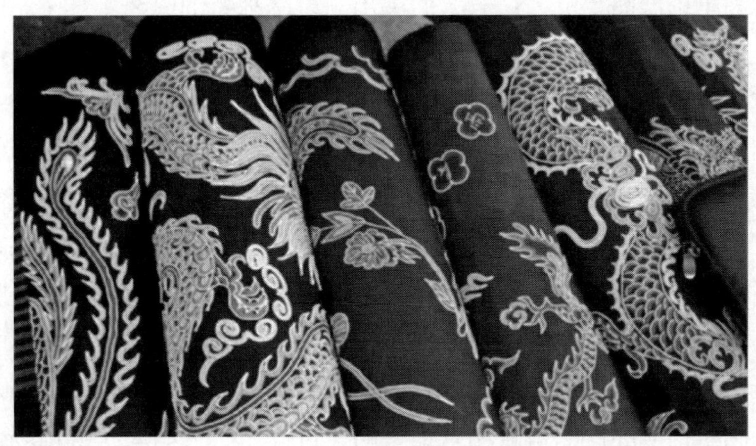

图 5-9　马尾绣

马尾绣的工艺特点主要体现在以下几个方面：

（1）材料独特：马尾绣的主要材料是马尾毛，这种材料具有天然的弹性和韧性，使得绣品呈现出独特的质感和光泽。

（2）制作工艺精细：马尾绣的制作过程非常烦琐，需要经过多道工序，如编织、绣花、缀饰等。每一步都需要精心操作，才能保证最终产品的品质。

（3）图案精美：马尾绣的图案通常以自然元素和民族文化符号为主，如花鸟鱼虫、神话传说等，这些图案都经过精心设计和绣制，每一件绣品都具有极高的艺术价值。

（4）色彩丰富：马尾绣使用的颜色非常丰富，主要是以红色、黄色、绿色等鲜艳的颜色为主，这些颜色都是由天然染料染制而成，具有很高的环保性和安全性。

（5）文化内涵深厚：马尾绣作为水族文化的重要组成部分，蕴含着丰富的民族历史和文化信息。每一件绣品都承载着一个民族的故事和历史，使得它不仅仅是一件艺术品，更是一种文化的传承和表达。

总之，凭借独特的工艺特点，马尾绣在工艺品市场独树一帜，深受消费者喜爱。

通过百度网站、电商平台收集到的刺绣市场行业信息，包括行业发展现状、竞争品情况等一一做好记录。他了解到，我国的刺绣行业已遍布全国。从细分市场来看，消费者对传统服饰艺术的欣赏能力在不断提升，刺绣艺术逐渐成为一种时尚标志。我国刺绣品产销量呈现增长趋势，2021 年，全国刺绣品产量和需求量分别达 38.63 万吨和 30.45 万吨。

二、产品定位

1. 确定产品定位方法。由于马尾绣属于水族妇女代代传承的非遗产品，其独特性和稀缺性使其具有显著的差异性。所以，采用产品差异定位法能强调马尾绣产品的独特性，更能吸引消费者的注意力。

2. 进行市场定位和产品定位。根据前面在准备阶段收集到的信息，结合产品定位方法，可以确定马尾绣产品定位为：一方面突出马尾绣独特的工艺。其手工制作、独特的材料、传统技艺的特点，这是其区别于其他绣品的关键。并强调每一件绣品都是独一无二的。另一方面突出马尾绣的文化内涵。马尾绣作为水族文化的重要组成部分，蕴含着丰富的历史和文化信息。可以通过深入挖掘其文化内涵，如水族的民俗风情、神话传说等，将这些元素融入产品设计中，提升产品的文化价值。

通过分析，马尾绣的市场定位可以涵盖高端工艺品市场、旅游纪念品市场、时尚配饰市场、礼品市场以及家居装饰市场等多个方面。面对不同的市场，进一步挖掘产品定位，丰富产品形态，关注消费者体验，提供个性化、定制化服务，还可以与时尚品牌进行合作，或者与设计师合作，推出联名款、限量款等时尚单品。总之，针对不同市场的特点和需求，制定相应的产品策略和营销策略，进一步扩大马尾绣的市场份额和品牌影响力。同时，也要注意保持产品的品质和创新，不断推陈出新，以满足消费者对于高品质、独特性、文化内涵等方面的追求。

拓展训练

根据所学的产品定位方法知识，请同学们选择几种家乡的特产，应用不同的定位方法对特产进行产品定位，完成表 5-1 的填写。

表 5-1　产品定位表

序号	产品定位方法	产品定位	定位描述
1	产品差异定位法		
2	利益（属性）定位法		
3	产品使用者定位法		
4	使用定位法		
5	分类定位法		
6	针对特定竞争者定位法		
7	问题定位法		

学习评价

完成本学习单元的学习后，请根据表 5-2 所示评价标准对学习质量进行评价。

表 5-2　学习质量评价标准

评价类别	评价内容	分值	得分
知识	熟悉产品定位的概念、内容及原则	20 分	
	熟悉产品定位方法	20 分	

续表

评价类别	评价内容	分值	得分
技能	能遵循产品定位原则，确定产品定位方法	20 分	
	能运用常用产品定位方法对指定产品进行初步定位分析	20 分	
素养	培养创新思维	10 分	
	培养自主学习能力	10 分	
合计		100 分	

思考与练习

1. 简述产品定位的概念和产品定位的内容。
2. 请同学们举例说明七种常用产品定位方法的适用场合。

知识导图

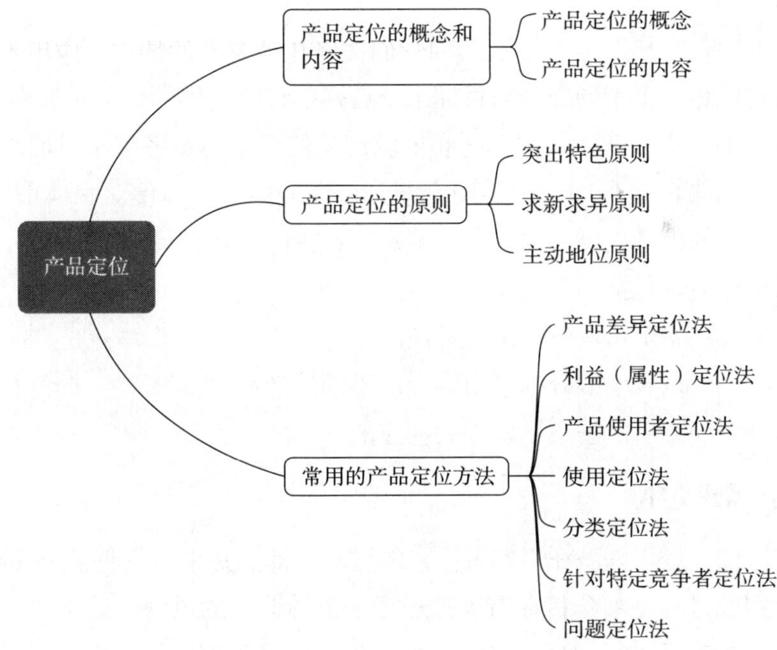

学习单元 2　产品定位五步法

一般而言，产品定位包括五个步骤：目标市场定位（Who）、产品需求定位（What）、企业产品测试定位（If）、产品差异化价值点定位（Which）、营销组合定位

（How）。产品定位五步法为产品定位分析提供了一个有效的实施模型，如图 5-10 所示。

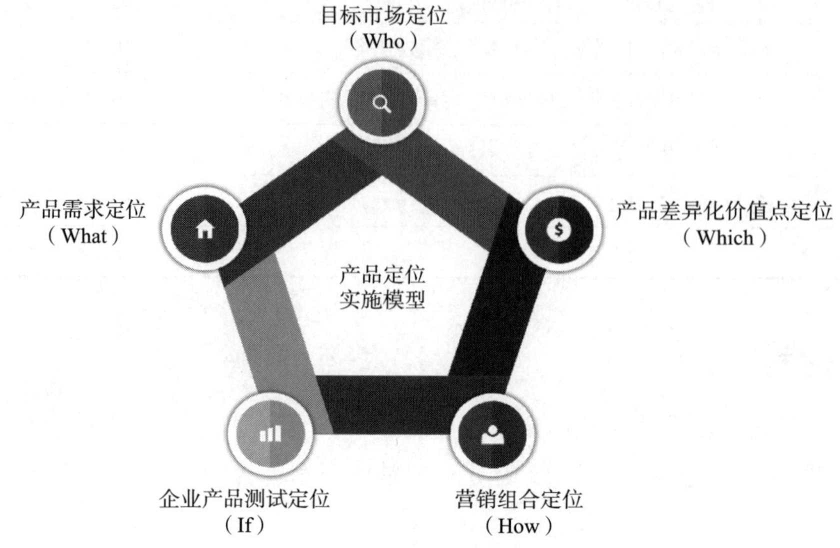

图 5-10　产品定位实施模型

一、目标市场定位

目标市场定位是一个市场细分与目标市场选择的过程，即明白为谁服务（Who）。

在市场分化的今天，任何一家公司和一款产品的目标消费者都不可能是所有人。因此，选择目标消费者的过程中，需要确定细分市场的标准，以便对整体市场进行细分。随后还要对细分后的市场进行评估，最终确定所选择的目标市场。

目标市场定位策略包括三个方面：

1. 无视差异，对整个市场仅提供一种产品。
2. 重视差异，为每一个细分的子市场提供不同的产品。
3. 仅选择一个细分后的子市场，提供相应的产品。

二、产品需求定位

产品需求定位，是了解潜在消费者需求的过程，即满足谁的何种需要（What）。

产品需求定位过程是细分目标市场并进行子市场选择的过程。这里的细分目标市场是对选择后的目标市场进行细分，选择一个或几个目标子市场的过程。在对目标市场需求进行确定时，不是根据产品的类别，也不是根据消费者的表面特性，而是根据消费者的需求价值来确定。消费者在购买产品时，总是为了获取某种产品的价值。产品价值的组合是由产品功能组合实现的，不同的消费者对产品有着不同的价值诉求，这就要求企业提供与诉求点相同的产品。

在这一环节，需要调研消费者的需求，这些需求的获得可以指导新产品开发或原有产品的改进。

三、企业产品测试定位

企业产品测试定位涉及对企业产品的创意或测试，即确定企业提供何种产品或提供的产品是否满足市场需求（If），该环节主要是企业进行自身产品的设计或改进。企业产品测试定位应考虑以下四个方面。

首先，考察产品概念的可解释性与传播性。对此需要将产品概念与目标受众的认知和接受程度进行匹配，针对某一指定产品或概念，考察其是否易于理解并有效地传达给大众。事实上，很多成功的企业家并非是新产品的发明者，而是擅长定义和推广新概念的人。

其次，全面评估同类产品的市场开发程度。这包括产品的市场渗透度、主要竞争品牌的市场表现和开发度、消费者的潜在需求和市场竞争中的空白点，这些数据将用来评估产品概念的推广潜力和消费者偏好。从信任到偏好，这是一个逐步加深的过程。有时，整个行业都可能面临消费者的信任危机，这就使推出新品更加困难，因为消费者可能对产品新概念不信任或不认可。

再次，进行产品属性定位与消费者需求的关联分析。即分析产品实际价格和功能等产品属性与消费者需求的关联。因为即使产品概念被广大消费者所接受和理解，但如果无法满足消费者的需求，或者有大量其他产品已经满足了消费者的这种需求，那么该产品概念的市场前景仍然堪忧。通过对影响产品定位和市场需求的因素进行关联分析，我们可以对产品的设计、开发和商业化进程作出相应调整。

最后，需要对消费者的选择购买意向进行分析。这涉及探究消费者是否会将心理上的接受与需求转化为实际的购买与使用行为。通过对消费者的选择购买意向进行分析，我们可以对企业自身产品定位的效果进行测定。针对企业自身产品定位环节，这一层面包括新产品开发研究、概念测试、产品测试、命名研究、包装测试、产品价格研究等多个方面。

四、产品差异化价值点定位

在当今商业环境中，产品同质化现象极其严重，寻求差异化价值点已成为企业成功的关键。差异化价值点定位是指为满足目标消费者的需求而提供的产品，以及结合竞争各方特点而使之具有差异化的产品属性，同时，还要考虑将这些独特属性融入营销元素中（Which）。

要想在竞争激烈的市场中取得优势，产品必须具备独特的差异化价值。这意味着要为目标消费者提供与众不同的价值，这种价值包括物质和精神两个层面，并使消费者在产生需求时能够联想到该品牌。

为了实现这一目标，企业可以通过以下七种方法来打造差异化价值。

1. 剖析竞品，根据竞品特性定位

在开始产品定位之前，首先要深入分析竞品，了解竞品的价值点。这是发现市场潜

在需求的关键。

例如，可口可乐以“传统的、经典的、历史最悠久的”价值定位占据市场，百事可乐就把自己定位于“年轻的、专属年轻人的”。与可口可乐形成鲜明对比，满足了追求年轻、时尚的消费群体的需求，从而在竞争中脱颖而出。

2. 分析行业发展史，探究未来趋势

深入研究行业发展史，总结出本质规律，从中探究未来行业发展趋势。顺应这一趋势进行价值定位，就是我们所寻求的差异化价值。

以笔的演变为例，鹅毛笔是纯粹的书写工具；钢笔是一种器具，而万宝龙则成为身份的象征，如今的圆珠笔不仅是书写工具，还被视为学生的玩具；未来，笔还可能成为文创产品。因此，晨光文具将自己定位为“晨光总有创意”，如图 5-11 所示。

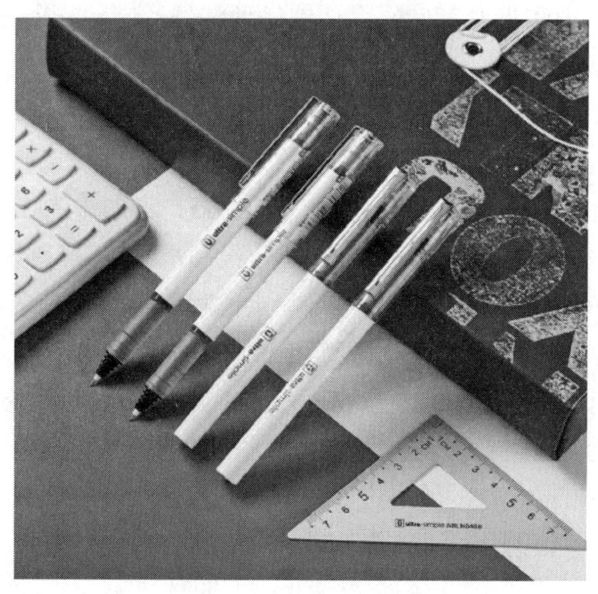

图 5-11　晨光文具

3. 分析消费者心理，发掘空白需求

消费者的需求并非一成不变的，随着时间和环境的变化，他们对产品的需求也会产生变化。因此，我们需要时刻关注消费者的需求变化，精准把握这些新的需求，以此实现自己的差异化价值。

例如，在教育培训行业，过去很多家长让孩子参加舞蹈和音乐培训，主要是为了培养孩子的兴趣爱好。然而，随着社会的进步及家长观念的变化，他们对培训的需求也在慢慢发生改变。如今，他们送孩子上舞蹈班的目的更多是培养孩子高雅气质，让孩子更加优雅端庄。面对这种新的需求，有一家培训机构就把自己精准定位为“塑造孩子的明星范”。当其他竞争对手还在强调技能培训时，这家机构却着重宣传如何让孩子更有气质。显然，与众多的同行相比，他们更受家长的青睐。

4. 品类细分，实现差异化

品类细分法，虽然在一定程度上与前面三种定位方式有重复，但对于快消品行业来说，却是一种直接而有效的差异化价值塑造方法。

以牙膏为例，最初牙膏的价值就是清洁口腔，后来各种细分品类出现，佳洁士牙膏定位于美白抛光价值，高露洁牙膏强调防止蛀牙的价值，舒适达牙膏则专注于抗敏领域，而黑人牙膏主打薄荷清新口气的特色。这就是品类细分实现差异化价值的体现。图 5–12 所示为黑人牙膏细分定位清新口气特色。

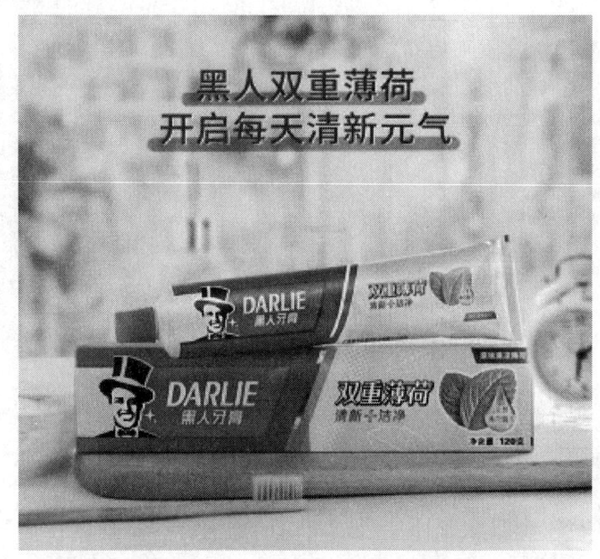

图 5–12　黑人牙膏细分定位清新口气特色

同样地，酸奶市场也通过细分品类来满足不同消费者的需求。炭烧酸奶、老酸奶、水果酸奶、各类益生菌酸奶、高蛋白酸奶等产品应运而生，成功地吸引了一部分特定的消费群体。

为什么在快消品市场中，品类细分的方法会如此有效？用中国的一句俗语解释那就是“萝卜青菜各有所爱”。

上述四种方法，大部分集中在产品功能、特性等物质层面的差异化价值上。尽管这些物质层面的差异化具有一定的效用，但随着市场上品牌越来越多，大部分物质层面的差异化价值已被发掘殆尽。因此，挖掘这类价值变得越来越有挑战性。更重要的是，随着消费升级以及新一代消费者的崛起，消费者对于产品的期望不再局限于物质特性，相反，他们更加注重产品是否具备情感、价值观等人格属性以及社交属性。因此，赋予产品精神特性已成为塑造品牌价值的重要手段。

5. 从精神层面来定位产品的差异化价值

（1）IP 化差异化价值

品牌 IP 化，有广义和狭义之分。狭义的品牌 IP 化，是指品牌与具有一定人气的影视、游戏、动漫以及名人结合，利用其人气为品牌赋能。一个典型的例子就是农夫山泉故宫瓶，如图 5-13 所示。

图 5-13　农夫山泉故宫瓶

通过将 IP 与自己的产品相结合，品牌就能够实现与其他产品的差异化。由于这些 IP 本身受到大众的喜爱，因此包含这些 IP 的产品就具备了独特的价值和购买理由。

广义的品牌 IP 化是指品牌借助动物、艺术人物等具有思想的拟人形象获得人格化属性，使消费者感觉产品是一个有血有肉、有灵魂的形象。例如三只松鼠和江小白就是这类 IP 化的典型代表。图 5-14 所示为三只松鼠 IP。

图 5-14　三只松鼠 IP

当消费者认为品牌具有思想，并认可其所传递的价值观、个性和情感时，该品牌的产品就成为了消费者的首选购买目标。这不仅增加了产品的附加值，还为品牌带来了持久的竞争优势。

（2）直接塑造品牌情感价值

除了品牌 IP 化，还可以直接赋予品牌情感价值，以期更好地打动消费者，并与他们建立起深厚的情感纽带。

以“我本善杧”为例，这是一个直接主打善良这一人格属性的杧果品牌。为了支撑这一情感价值，品牌通常会提供一些理由或故事来证明其善良特性的合理性，如图 5-15 所示。

图 5-15　我本善杧

还有一些大品牌也是采用直接塑造情感价值的方法。例如洋河蓝色经典系列白酒，它用“中国梦”这一情感属性与消费者建立情感联系。助力品牌在市场上获得更大的竞争优势。

（3）文化属性方式

所谓文化属性，是指利用特有的文化元素或故事来赋能品牌，使其具有独特的文化意蕴。这类方法特别适用于农产品品牌。

例如，有一种草莓被命名为“四大美莓”，它借用中国四大美女的文化故事来赋予产品独特的价值，这种与传统文化相结合的方式使得产品具有了与众不同的文化特性，从而吸引了特定的消费者群体。这些消费者愿意为这种与众不同文化特性买单，从而增加了品牌的附加值。

五、营销组合定位

营销组合定位，是企业为满足消费者的需要而进行的一系列策略决策，它不仅关乎产品本身，也涵盖了如何将产品传递给目标消费者，满足他们的期望和需求（How）。

在确定满足目标消费者的需求与企业提供的产品之后，企业需要制定一个全面的营销组合方案，以确保定位准确、有效。这不仅涉及品牌的推广，还涉及产品策略、价格策略、渠道策略和沟通策略的有机结合。正如著名营销专家菲利普·科特勒所言，解决定位问题，有助于企业解决营销组合问题。营销组合中的每一个要素都是定位战略战术运用的具体体现。通过这些要素的优化组合，企业可以更好地满足消费者的需求，提升品牌的市场竞争力。值得注意的是，在市场竞争激烈的环境下，仅仅依靠产品差异化已经难以取得优势，企业必须从产品定位扩展到整个营销组合的定位。通过差异化的营销组合来凸显自身产品的独特性和价值。这需要企业在营销组合的各个要素上进行创新，以实现更好的市场表现。

六、产品定位与选品、采购案例分析

1. 零食品牌哆猫猫

哆猫猫，一个创办仅一年的儿童零食品牌，却在天猫平台上创下惊人的业绩，仅仅三个月的时间，就实现了 500 万元的成交额，并吸引了超过 12 万名的消费者。图 5-16 所示就是儿童零食品牌哆喵喵。

图 5-16　儿童零食品牌哆猫猫

这一年轻品牌将目标消费人群精准定位为 3～6 岁的学龄前儿童。其创始人发现，儿童零食市场供不应求，目前渗透率仅 10%，而且现有产品中还存在诸如含防腐剂、人工色素等“硬伤”，这些问题阻碍了消费者的购买意愿。因此，这个市场将是一个潜力巨大的蓝海市场。

哆猫猫采用“消费者需求、设计研发、生产制造、营销分销、消费者购买”的模式，其核心是通过深入挖掘细分市场的需求、加大营销投入，来解决宝妈们对食品安全和健康的关注。

具体来说，哆猫猫在进入高增长市场时，采取了以下三个关键策略：

第一步，在新品上市初期，通过天猫 u 先的大规模派样活动吸引新用户，同时完成了用户口碑积累、消费者产品调研与初期用户画像收集。在试用阶段完成后，他们筛选出给出优质评价的用户，并使用广告付费工具精准触达这些用户，促进复购转化。

第二步，考虑到新品类需要市场教育和用户教育，哆喵喵在站内主要依靠超级推荐进行品牌推广，在站外借助宝妈圈层的淘客进行品牌推广。当站内外知名度提高并有一定的老客户基础后，再逐步加大直通车的投放力度，进一步拉动新用户增长。

第三步，通过分析用户的购买行为，哆喵喵将会员进行细分，并结合多样化标签进行分层管理，这些标签与对应的权益紧密相连，促使消费者完成首购、复购，并转化为忠实的品牌传播者（koc）。同时，在大促节点，他们通过客户关系管理系统进行老客户召回，深度挖掘会员价值，加速会员资产沉淀，从而促进会员关系的持续深化。

2. 国货新品牌听研

听研是一个创办不到三年的国货新品牌，它研发的家用院线级护肤产品和仪器成功打开了年轻人的市场。2021 年的“双十一”购物狂欢中，其精华品类护肤品进入天猫 TOP20 行列。

其创始人认为，轻医美这一概念正逐渐受到热捧，预示着巨大的市场潜力，但是，消费场景还不够丰富，消费者的选择也相对有限。因此，她为听研设定了一个独特的产品场景——“让年轻爱美的女性在家就能享受轻医美护肤的体验”。图 5–17 所示为听研精华护肤品。

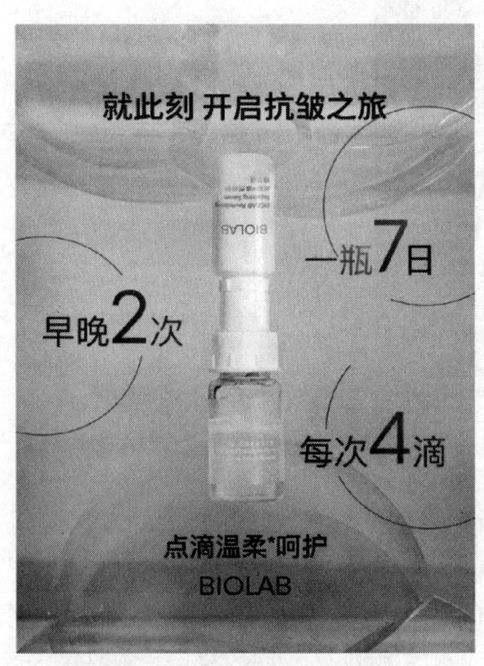

图 5–17　听研精华护肤品

为了扩大品牌影响力，新品牌往往会选择全域“种草”策略。听研同样如此，在站外投放关键词的同时，将产品形状作为投放亮点，特别是小骨头眼膜的“小骨头”这一关键词，形象生动且易于记忆。被种草的消费者只需在天猫站内搜索“小骨头”，便能轻松找到听研品牌及产品，并完成下单购买。

2021 年 8 月，听研通过与网红主播的直播合作，实现了产品销售和品牌关注度的双丰收。除了爆发式的销售业绩外，沉淀下来的人群数据资产为下一阶段的运营奠定了坚实基础。在直播之外，逛逛、问大家等互动工具也成为品牌与消费者持续沟通的重要平台。通过收集和分析消费者反馈的差评等信息，听研不断优化产品以满足消费者的需求。

3. 生鲜品牌鹿优鲜

2021 年，生鲜品牌鹿优鲜在天猫平台上线（见图 5–18），创始人赵丹将其产品精准定位为“0～12 岁儿童餐桌方案”。然而，在鳕鱼市场供应链日益透明的情况下，众多头部商家在产品品质上难分伯仲。鹿优鲜的初代产品，虽然尝试细分母婴市场，但由于仅仅是供应链产品的重新包装，短短半年就亏损了 200 万元。

图 5–18　生鲜品牌鹿优鲜

一直信奉“只要产品好就有人买单”的赵丹遭遇了市场的冷遇。在天猫小二的建议下，赵丹大刀阔斧地进行改革，将店铺 SKU（库存单位）从上百个减少到十几个，并将 400 克的冻鳕鱼切割成 100～200 克的小包装。因为“孩子一顿饭吃不了这么多鳕鱼”，小包装解决了妈妈们将大块鳕鱼解冻、复冻的痛点，提高了产品的复购率。

事实上，改革传统生鲜供应商并非易事。由于线下销售占据主导，电商产品的特殊诉求很难影响企业供应链的改革。而赵丹的改革创新抓住了新的市场空白，他不仅着手改造供应链，而且连同公司组织架构也进行了调整，他给改造后的产品起了昵称“小方鳕”，全域“种草”引流至天猫。他们还用“小方鳕”替代了红鳕、白鳕等品种和产地关键词，让搜索更具竞争力。几个月后，鹿优鲜成为天猫平台鳕鱼类目的领头羊。2021 年的“双十一”购物节，其销售额同比增长 700%，年度总销售额突破 3 000 万元。

4. 宋朝旗舰店

2021 年“双十一”的香薰香料产品热销榜中，宋朝旗舰店脱颖而出，位列前三。

图 5-19 所示为宋朝旗舰店出品的香薰产品。

图 5-19　宋朝旗舰店出品的香薰产品

在创立宋朝品牌之前，创始人石峰在空气净化领域深耕多年，然而，他发现这一市场的规模有限。相比之下，家居场景中的香薰产品具有更广泛的应用，能满足消费者多场景、长期的需求，具有较高的复购率，于是石峰瞄准了这一市场，决心开发自己的香薰产品。

在产品上新前，宋朝旗舰店通过天猫的新品运营中心，深入了解新品孵化思路，制订了详细的运营计划。在上新期，他们采取少量备货的策略，通过直播间将新品快速推向市场，以获取用户的反馈。这些反馈不仅有助于优化产品研发策略，还为后续的市场备货提供了依据。

直播间和天猫小黑盒等平台成为品牌展示新品的重要场所。对于在直播测款中表现优异的新品，宋朝旗舰店会将其引入达人、明星直播间，加速新品出圈，成为店铺的核心爆品，并不断复制这一成功模式，为下一个新品推广做准备。

5. 三只松鼠

三只松鼠，自其创立之初，就以独特的品牌形象、卓越的产品品质和无微不至的服务体验迅速在零食市场中脱颖而出。经过多年的发展，它已经从一家初创企业成长为中国零食行业的领军品牌，其发展规模及市场影响力均达到了业内领先的水平。三只松鼠的成功主要归功于其在品牌塑造、服务体验、供应链管理等多方面的精心耕耘。

（1）品牌魅力塑造

三只松鼠对企业产品的定位清晰而精准。它敏锐捕捉到干货市场消费者的潜在需求，率先提出“森林系”食品的全新理念，致力于使消费者品尝到绿色、新鲜的坚果。其产品全部精选自原产地农场和地方特色产品，凭借优质的品质赢得了消费者的信赖和喜爱。同时，三只松鼠明确将自己定位为专注于互联网销售的新时代企业，紧紧锁定年轻消费群体和追求慢生活的人群。尽管目标受众相对狭窄，但这个年龄段的消费者恰恰是网络购物的中坚力量。基于这一精准定位，企业加强品牌文化的塑造和传播，成功打造出三只活泼可爱的松鼠形象（见图 5-20）。这三只松鼠与坚果产品巧妙结合，使品牌形象与产品紧密结合，不仅形成了强大的品牌识别度和记忆点，更传递出一种“萌”文化——快乐、轻松、有趣的生活态度，深深吸引了年轻消费群体的心。

图 5-20　三只松鼠品牌形象

（2）至臻服务体验

在服务体验方面，三只松鼠始终坚守“用户体验至上”的信念。从精美的产品包装到贴心的销售客服，每一个细节都力求完美，充分体现了对消费者的尊重与关怀。

三只松鼠的销售客服团队以萌鼠自居，用温馨的网络语言与消费者互动，巧妙地将传统的买卖关系转化为宠物与主人的亲密关系。这种别具一格的购物体验，让年轻消费者倍感亲切和愉悦。

三只松鼠还在产品包装上下足了功夫。三原木色的包装箱上印有松鼠的笑脸，箱子一角还俏皮地配文：“主人，快抱我回家！”打开包装箱，每一袋食品都用牛皮纸袋独立包装，不同的食品，包装袋上的松鼠漫画形象各不相同。不仅如此，包装箱内还配备了服务卡、果壳袋、湿巾和食品夹等实用小物件。这一切不仅彰显了产品的精美与趣味，更体现了品牌的环保意识和人文关怀。消费者在享受美食的同时，也能深切感受到三只松鼠所传递的快乐与温暖。

（3）供应链协同管理

在供应链管理方面，三只松鼠采用了“核心环节自主控制，非核心环节灵活外包”的轻资产运营模式。通过自主把控产品研发、质量检测、产品销售和客户服务等核心环节，三只松鼠能够更好地响应市场变化并满足消费者需求。同时，它与优秀的合作伙伴携手共进，将产品加工、物流配送等非核心环节外包，实现供应链的高效协同和资源整合。

公司构建了高度垂直一体化的业务模式，从采购到销售的每个环节都深入参与，使各个环节实现了互通互联、相互配合，形成了稳定而高效的供应链，如图 5-21 所示。

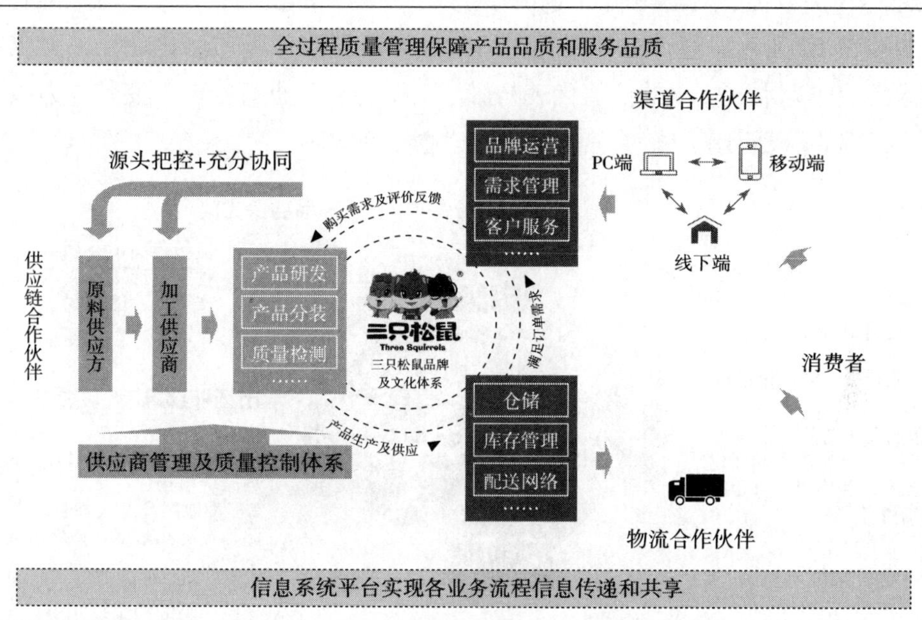

图 5-21 三只松鼠供应链管理

在质量控制上，三只松鼠采取了严格的质量把控措施，建立了全面的供应商管理机制和自主把控仓储环节，借助信息化平台优势实现了采购流程的可追溯性和库存数据的精准掌控。为确保产品品质与安全，三只松鼠还创新性地提出了“产品经理管理制度”和“云销售体验”等先进理念和方法。

通过与供应商、物流服务商等合作伙伴的紧密合作和信息共享，三只松鼠成功降低了库存和物流成本，提高了供应链的响应速度和灵活性，为公司的持续快速发展提供了强有力的支撑。

综上所述，三只松鼠在品牌塑造、服务体验、供应链管理等方面的成效显著。不仅提升了公司的市场竞争力和盈利能力，还为消费者带来了良好愉悦的购物体验和美食享受。

实例演练

在上一个学习单元中，赵亮同学对家乡特产马尾绣做了简单的差异化定位。如果要实现产品的清晰定位，还需要通过产品定位五步法对其进行详细的分析，进一步定位。

第一步，目标市场定位。

马尾绣，作为中国刺绣技艺中的独特瑰宝，具有深远的历史文化价值、艺术欣赏价值、经济价值和文化传播价值。2021 年 5 月，马尾绣入选国家级非物质文化遗产名录。马尾绣的主要产地——贵州黔南州三都水族自治县政府已经认识到马尾绣在水族文化旅游开发中的关键作用，计划将其打造成热销的民族旅游商品，以此推动全县经济发展。

通过 SWOT 分析，对马尾绣自身的优劣势、市场外部机遇和外部环境风险有了清晰认识，如图 5-22 所示。通过分析，马尾绣的发展不仅要依托市场化途径，更应定位为民族艺术品，作为水族文化的价值代表与旅游吸引力产品进行推广，使其成为吸引旅游者来水族三都的重要因素，打造强势品牌，建立品牌效应。

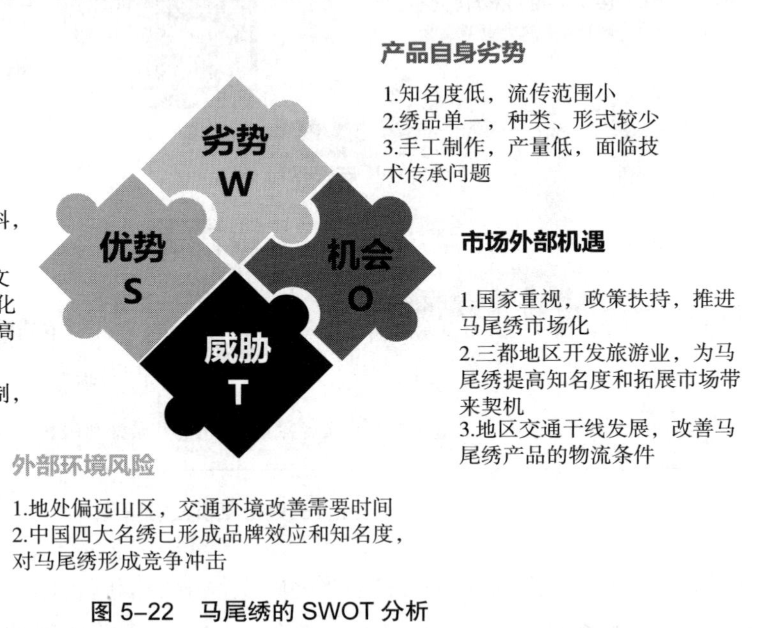

图 5-22　马尾绣的 SWOT 分析

第二步，产品需求定位。

马尾绣的独特材质和精美图案，使其具备时尚元素的潜力。可以将马尾绣定位为时尚配饰市场，如制作成围巾、披肩、手提包等时尚单品，满足消费者对于时尚配饰的需求。还可以进一步与时尚品牌合作或者与设计师合作，推出联名款、限量款等时尚单品。马尾绣富有水族文化特色的精美图案和鲜艳的配色，适合作为家居装饰品，将其制作成壁挂、窗帘、床品等家居用品，可以提升家居产品的文化价值。马尾绣丰富多样的产品形态和文化艺术性使其成为旅游纪念品和礼品市场的优选，从耳环、戒指等小饰物到绣鞋、镜子等，琳琅满目。无论是生日礼物、结婚礼物还是节日礼物，马尾绣都能满足送礼者对于独特性和文化内涵的要求。通过精心设计和包装，马尾绣可以成为礼品市场的热销产品。

第三步，产品测试定位。

发挥电商平台优势，通过抖音、快手等平台全方位展示马尾绣新品。图 5-23 展示了企业在抖音平台上的新产品展示。还可以与网红博主合作，扩大新产品的影响力。通过一段时间的试销，评估市场对新品的接受程度。

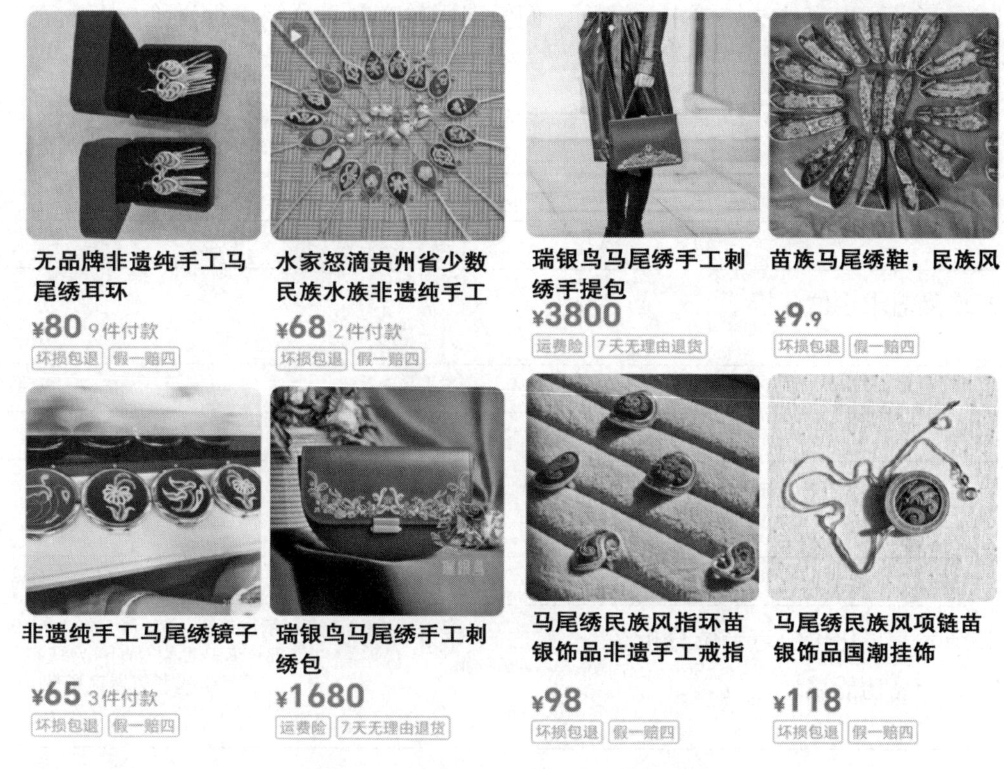

图 5-23　企业在抖音平台上的马尾绣产品

第四步，产品差异化价值点定位。

水族刺绣技法种类繁多，包括平绣、马尾绣、空心绣、挑绣、结线绣以及螺形绣等。其中，马尾绣以其独特的工艺和表现形式成为水族刺绣的代表。虽然四川成都织绣和其他民族的刺绣技艺也有采用马尾为原材料的，但只有水族如此集中地将其用于背带、绣花鞋等绣品。马尾绣工艺复杂，制作出的绣品具有浅浮雕感，造型抽象、概括、夸张，历经漫长的岁月和环境变迁，水族马尾绣的造型理念和程式化符号依旧延续了下来，其独特的艺术魅力必将获得市场的认可与消费者的青睐。

第五步，营销组合定位。

为了有效推广马尾绣非遗产品，需要运用多元化的营销策略。首先，借助非物质文化遗产的传承理念，塑造马尾绣独特的品牌文化内涵，通过讲述品牌故事以及举办文化展览、讲座等形式，传播马尾绣的文化价值，提升消费者对产品的认知和认同，增强品牌美誉度，使消费者深刻感受产品的独特魅力。其次，充分利用线上线下平台进行广泛的宣传推广。此外，借助直播电商的热门平台，如抖音、快手等，结合新媒体营销手段如 IP 效应、图案创新设计等，实现马尾绣艺术价值与当代主流文化的完美结合。通过多种营销方式的有机结合，将马尾绣推向更广阔的市场舞台。

拓展训练

按照产品五步定位法的要求，请同学们任选一款产品，分组进行讨论，形成产品定位分析报告。

1. 目标市场定位分析

____

____

____

2. 产品需求定位分析

____

____

____

3. 企业产品测试定位分析

____

____

4. 产品差异化价值点定位分析

（1）产品功能属性定位。

____

____

（2）产品的外观和包装定位。

____

____

（3）产品卖点定位。

____

____

5. 营销组合定位分析

____

____

____

学习评价

完成本学习单元的学习后，请根据表 5-3 所示评价标准对学习质量进行评价。

表 5-3　　学习质量评价标准

评价类别	评价内容	分值	得分
知识	熟悉产品定位五步法的概念	20 分	
	熟悉产品定位五步法的关键点	20 分	
技能	能根据产品定位五步法对指定产品进行定位分析	20 分	
	能对产品定位与选品、采购案例进行分析	20 分	
素养	培养创新思维	10 分	
	培养工匠精神	10 分	
合计		100 分	

思考与练习

1. 简述产品定位的五个步骤。
2. 简述企业打造产品差异化价值的七种方法。

知识导图

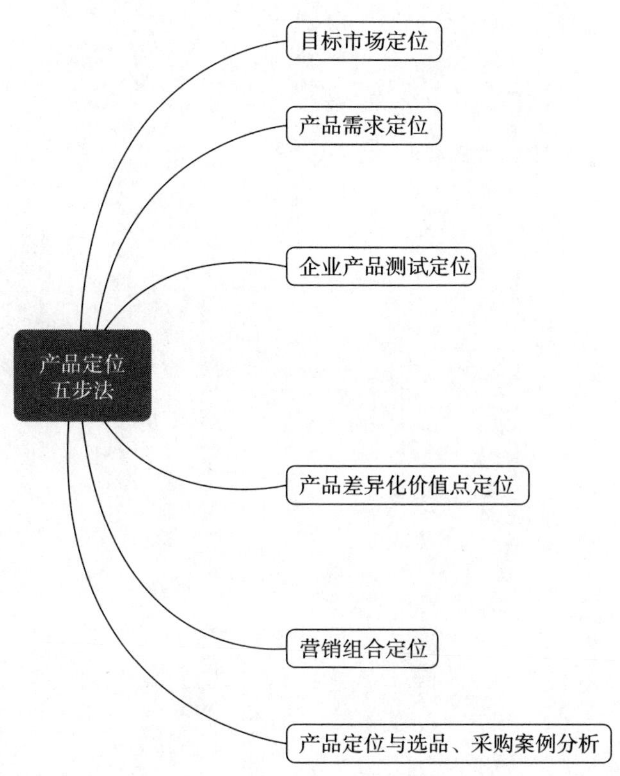